essentials

Essentials liefern aktuelles Wissen in konzentrierter Form. Die Essenz dessen, worauf es als „State-of-the-Art" in der gegenwärtigen Fachdiskussion oder in der Praxis ankommt. Essentials informieren schnell, unkompliziert und verständlich

- als Einführung in ein aktuelles Thema aus Ihrem Fachgebiet
- als Einstieg in ein für Sie noch unbekanntes Themenfeld
- als Einblick, um zum Thema mitreden zu können.

Die Bücher in elektronischer und gedruckter Form bringen das Expertenwissen von Springer-Fachautoren kompakt zur Darstellung. Sie sind besonders für die Nutzung als eBook auf Tablet-PCs, eBook-Readern und Smartphones geeignet.

Essentials: Wissensbausteine aus Wirtschaft und Gesellschaft, Medizin, Psychologie und Gesundheitsberufen, Technik und Naturwissenschaften. Von renommierten Autoren der Verlagsmarken Springer Gabler, Springer VS, Springer Medizin, Springer Spektrum, Springer Vieweg und Springer Psychologie.

Christian Schilcher · Janis Diekmann

Moderne Arbeitswelten

Die Macht der Informatisierung und die Bedeutung des Wissens

Springer VS

Dr. phil. Christian Schilcher
Bertelsmann Stiftung
Gütersloh, Deutschland

Dipl.-Soz. Janis Diekmann
Competence Center Industrie- und
Serviceinnovationen
Fraunhofer-Institut für System- und
Innovationsforschung (ISI)
Karlsruhe, Deutschland

ISSN 2197-6708
ISBN 978-3-658-06789-2
DOI 10.1007/978-3-658-06790-8

ISSN 2197-6716 (electronic)
ISBN 978-3-658-06790-8 (eBook)

Die Deutsche Nationalbibliothek verzeichnet diese Publikation in der Deutschen Nationalbibliografie; detaillierte bibliografische Daten sind im Internet über http://dnb.d-nb.de abrufbar.

Springer VS

Gedruckt auf säurefreiem und chlorfrei gebleichtem Papier

Springer VS ist eine Marke von Springer DE. Springer DE ist Teil der Fachverlagsgruppe Springer Science+Business Media
www.springer-vs.de

Was Sie in diesem Essential finden können

- Wie zwischen Information, Wissen und dem Prozess der Informatisierung zu differenzieren ist.
- Warum Wissen die Voraussetzung für die Kontextualisierung von Informationen ist, auch wenn diese durch komplexe Informationssysteme erzeugt wurden.
- Wie das Wechselspiel von technischen Informations- und menschlichen Wissensprozessen mit neuen Entwicklungen in Wirtschaft, Arbeit und Organisation zusammenhängt.
- Welche Belastungen durch Wissensarbeit in informatisierten Arbeitswelten entstehen und welche gesellschaftlichen Herausforderungen sich aus der fortschreitenden Ausbreitung von Informationssystemen ergeben.

Inhaltsverzeichnis

1 Einleitung 1

2 Informatisierung, Information und Wissen 5

3 Finanzmärkte, Informatisierung der Unternehmen und die
   Bedeutung von Wissen 11

4 Veränderung von Arbeit und Organisation und die
   Bedeutung von Wissen 17

5 Subjektivierungsprozesse, ihre Bedeutungen und Konsequenzen ... 23

6 Ambivalenzen von wissensbasierter Arbeit in
   informatisierten Umwelten 29

7 Ausblick 35

Was Sie aus diesem Essential mitnehmen können 39

Literatur 41

Verzeichnis der Autorinnen und Autoren

Dipl.-Soz. Janis Diekmann wissenschaftlicher Mitarbeiter im Competence Center Industrie- und Serviceinnovationen am Fraunhofer-Institut für System- und Innovationsforschung (ISI) Karlsruhe studierte Soziologie, Volkswirtschaftslehre und Politikwissenschaft an der TU Darmstadt und der Universidad de Valencia mit Fokus auf Arbeits- und Industriesoziologie sowie Wirtschaftssoziologie. Seine Arbeitsschwerpunkte sind derzeit die Analyse von ganzheitlichen Produktionssystemen und organisatorischen Innovationen.

Dr. phil. Christian Schilcher war wissenschaftlicher Mitarbeiter und Professurvertreter an den Instituten für Soziolgie der TU Darmstadt und der Eberhard Karls Universität Tübingen. Derzeit ist Christian Schilcher Projektmanager bei der Bertelsmann Stiftung. Seine Arbeitsschwerpunkte sind Arbeits- und Organisationssoziologie, Sozialstrukturanalyse, Theorien der Informations- und Wissensgesellschaft, Wissensmanagement und Vertrauensforschung.

Einleitung 1

Entwickelte Gesellschaften sind dynamisch. Auch wenn Formen und Strukturen des Zusammenlebens nicht von jeder Generation neu erfunden werden, so haben sich in den letzten Jahrzehnten doch deutliche technologische Veränderungen und Veränderungen der Arbeitsorganisation vollzogen. Aber nicht nur Technik, Arbeit und Organisation sind Felder des Wandels, auch die Bevölkerungsstruktur hat sich verändert, ebenso wie die privaten Lebensformen oder Wertorientierungen jüngerer Menschen. Begriffe und Diagnosen zum gesellschaftlichen Wandel fallen unterschiedlich aus, je nachdem, welche Bereiche in den Blick genommen werden.

Zwei Kernbegriffe, um die gesellschaftlichen Veränderungen durch neue Informations- und Kommunikationstechniken zu erfassen, sind „Informatisierung" und „Wissen". Ausgangspunkt hierfür sind Beobachtungen, dass einerseits basierend auf der Entwicklung der Computertechnologie Verfahren der Informationsgewinnung und -verarbeitung tief in gesellschaftliche Strukturen eingedrungen sind, und dass andererseits Wissen, Kreativität und Subjektivität in modernen Arbeitsverhältnissen wichtiger sind denn je.

Eine erste Version des vorliegenden Textes, der für diese Veröffentlichung deutlich überarbeitet wurde, wurde im Buch „Arbeitswelten in Bewegung" (2012) veröffentlicht[1]. Dieses Buch bezieht sich auf die Diskussion um den Wandel von

---

[1] Der Band „Arbeitswelten in Bewegung" ist eine Festschrift für Rudi Schmiede anlässlich seines 65. Geburtstags und seiner Verabschiedung in den Ruhestand. Rudi Schmiede war Professor für Soziologie an der TU Darmstadt und leitete dort das Arbeitsgebiet „Arbeit, Technik und Gesellschaft". Zentrale Argumente, die in dieser Veröffentlichung vorgetragen werden, gehen auf Diskussionen zurück, die an diesem Arbeitsgebiet geführt wurden. Darüber hinaus und ganz konkret hat sich Rudi Schmiede auch für diesen Beitrag eingebracht; der vorliegende Text ist unter seiner Mitarbeit entstanden.

© Springer Fachmedien Wiesbaden 2014

C. Schilcher, J. Diekmann, *Moderne Arbeitswelten, essentials*,

DOI 10.1007/978-3-658-06790-8_1

Arbeit als Abkehr von industriell geprägten gesellschaftlichen Zusammenhängen hin zu neuen Arbeitsformen wie Dienstleistungs- oder Wissensarbeit. Die Autorinnen und Autoren dieses Sammelbandes zeigen, dass sich in diesem Kontext vielschichtige, mehrdeutige und häufig ambivalente soziale Prozesse vollziehen und leisten damit Beiträge zu einer differenzierten und kritischen Analyse moderner Arbeitsgesellschaften.

Diese Buchbeiträge beziehen sich mehr oder weniger direkt auf Diagnosen, die eine Gesellschaft im Umbruch sehen. Ein zentraler Aspekt ist hierbei die These von der enormen Bedeutung von Information und Wissen für Arbeit und Organisation. Daniel Bell sah den gesellschaftlichen Wandel, wie er in seinem 1973 erschienen Buch *The Coming of Post Industrial Society* ausführte, durch eine Verschiebung des „axialen gesellschaftlichen Prinzips" gekennzeichnet. Während sich die Industriegesellschaft um die Produktion und Maschinerie drehe, stehe in der nachindustriellen Gesellschaft das theoretische Wissen im Mittelpunkt. Auch wenn einige Annahmen und Argumente von Bell heute als überholt betrachtet werden können – man denke beispielsweise an seine recht optimistischen sozialstrukturellen Einschätzungen zur Wirkung von Wissen oder zu der zukünftigen dominanten gesellschaftlichen Position von Wissenschaftlern –, so stellt die These der Bedeutungszunahme von Information und Wissen für aktuelle Untersuchungen zu Arbeitstätigkeit, Arbeitsorganisation oder Arbeitsmärkten ein wichtiger Bezugspunkt dar.

Trotz der gewichtigen Argumente, die sich für einen einschneidenden Wandel von Arbeit und Gesellschaft finden lassen, bedarf es dennoch eines kritischen Blicks hinter die Bindestrich-Gesellschaftsbezeichungen wie Dienstleistungs-, Informations- oder Wissensgesellschaft. Denn diese erwecken nicht selten den Eindruck, als seien kapitalistische Verkehrsformen und tayloristisch-fordistische Organisationsweisen bereits überholt. Die gründliche Auseinandersetzung mit aktuellen Entwicklungen zeigt, dass die Veränderungen vielschichtiger sind, als dass sie als Ablösung einer „Gesellschaft" durch eine andere hinreichend verstehbar oder durch Trendbegriffe auf einen Nenner zu bringen wären.

Der vorliegende Text versteht sich als ein Beitrag an der Schnittstelle von Arbeits-, Technik- und Wirtschaftssoziologie, der veränderte wirtschaftliche Bedingungen und technische Infrastrukturen sowie den anhaltenden Wandel von Arbeitsprozessen und Organisationsformen aufgreift. In diesem Kontext wird im Folgenden ein theoretisches Verständnis des Prozesses der Informatisierung formuliert und der Frage nachgegangen, warum und in welcher Weise Informatisierung zugleich mit erhöhten Anforderungen an die Subjektivität der Arbeitenden und vor allem ihr Wissen einhergeht. Zur Erklärung werden Vermittlungs- und Übersetzungserfordernisse zwischen der informatorischen Modellwelt und der materialen Realität einerseits, zwischen der Wertebene der Prozesse und den ihnen zugrunde liegenden materialen Vorgängen andererseits diskutiert. Zugleich wird jedoch betont, dass die Inanspruchnahme der Subjektivität in mehrfacher Hinsicht widersprüchlich ist und für den Einzelnen belastend sein kann. Schließlich wird die Debatte zu den möglichen Dimensionen einer aktuellen Kritik der Verwertung menschlicher Arbeit aufgegriffen und gefragt, welche Implikationen die vorliegende Analyse dafür haben könnte.

Die Entwicklung der IuK-Technologien hat zu einer beständigen Ausweitung der automatisierten Datengewinnung und Informationsgenerierung geführt. Ohne großen technologischen Bruch hat sich die Informationslandschaft weiterentwickelt, was sich an einer Vielzahl von Beispielen zeigen ließe: Klimamodelle sind einflussreiche Diskussionsgrundlage der internationalen Politik geworden, Forscher rund um den Globus arbeiten an der Automatisierung des Autofahrens und unter den Stichwörtern wie „Data-Mining" wird die Nutzung neuartiger Datenberge in der Wertschöpfung diskutiert, erdacht und in funktionierende Protoptypen überführt; Suchmaschinen sowie Musikplattformen fokussieren die Antwort auf Suchanfragen ganz selbstverständlich auf Inhalte, die dem Profil des Nutzers mit höherer Wahrscheinlichkeit entsprechen.

Es ließe sich die Frage stellen, ob vor dem Hintergrund dieser Entwicklungen die Betonung von Wissen und Subjektivität nicht ein Anachronismus darstellt, sich also überholt hat. Trotz oder gerade wegen der Ubiquität von Technologie, die auf dem ersten Blick als digitale Intelligenz erscheinen mag, wird nicht nur die Aktualität des hier bearbeiteten Themas deutlich, sondern auch die zentrale Bedeutung des Subjekts mit seinen Qualifikationen, Kompetenzen und Erfahrungen.

Es muss den vorliegenden Text überfordern, alle oben genannte Beispiele in angemessener Weise zu analysieren. Dennoch wird im Folgenden eine theoretische Perspektive entwickelt, die sich auf eine Reihe von Beispiele stützend zeigt, dass die Informatisierung ohne die Thematisierung von Wissen unvollständig bleibt. Leitend für diesen Aufsatz ist die Hypothese, dass die zunehmende Abbildung der Welt in Informationssystemen immer auch eine fortschreitend wissensbasierte Vermittlung zwischen Modellwelt und Realität erfordert. Das gilt auch, wenn die Informationswelten zunehmend Daten vorselektierten oder in komplexen Modellen aufbereiten. Der Einzelne steht als Beschäftigter, Konsument, Staatsbürger und Privatperson weiterhin vor der Herausforderung, diese informatorischen Umwelten bewerten und kontextualisieren zu müssen.

Dass Information und Wissen mit seinen spezifischen Logiken in einem komplexen Komplementaritäts- und Widerspruchsverhältnis zueinander stehen, wird in Abschn. 2 anhand eines theoretisch anspruchsvollen Begriffs der Informatisierung gezeigt, der die Zunahme formalisierter Prozesse und Strukturen erkennen lässt, die aber zugleich mit deutlichen und immer wieder neu sich herausbildenden Grenzen der Formalisierung einhergeht und daher immer wieder neu die Vermittlung zwischen Modellwelt und Realität durch subjektgebundenes Wissen erforderlich macht. Diese prinzipielle Grenze der Informatisierung bleibt auch mit modernen Verfahren der Informationsaufbereitung bestehen. Zwar haben sich einfache Datenbanken zu vernetzten Informationssystemen weiterentwickelt, die mit fortgeschrittenen Verfahren der Informationsaufbereitung bearbeitet werden, dennoch werden damit wirtschaftliche und auch gesellschaftliche Fragestellungen in das Funktionieren komplexer Softwaresysteme verlagert. Dies wird noch deutlicher und konkreter (Abschn. 3) in den herausgebildeten weltumspannenden Finanzmärkten, die mit einer wertökonomischen Durchdringung aller Teile von Arbeit und Organisation bei gleichzeitig wachsender Unsicherheit einhergehen. Unternehmen richten ihre betrieblichen Prozesse auf ihre monetäre Abbildbarkeit hin aus, womit (Abschn. 4) Veränderungen auf der produktionsökonomischen Ebene von Arbeit und Organisation einhergehen. Dies mündet zusammen mit den neuen wertökonomischen Imperativen in der strukturellen informationellen Verdoppelung der realen Wertschöpfungsprozesse, die der ständigen Rückvermittlung in den Arbeitsprozessen bedürfen. Wissen in all seinen Dimensionen, also auch in seinen impliziten und erfahrungsbasierten Seiten, wird dabei ständig benötigt, um Zusammenhänge zwischen diesen logisch und zum Teil auch institutionell geschiedenen Ebenen herzustellen, ohne die reale Organisationen nicht funktionsfähig sind. Dazu bedarf es (Abschn. 5) flexibler, oft die Subjektivität der Beschäftigten fordernder Formen der Arbeitstätigkeit, die in den industriesoziologischen Debatten zu Subjektivierung, Flexibilisierung und Entgrenzung thematisiert werden; diese Phänomene sind durch die kontinuierliche Spannung zwischen Momenten von Gestaltung und Freiheit, bloßen Bewältigungsstrategien und neuen Risiko- und Gefährdungslagen charakterisiert. Dadurch entsteht (Abschn. 6) die in den letzten Jahren verstärkt thematisierte Frage, ob damit nicht den traditionellen Argumenten der Kapitalismus-Kritik der Boden entzogen werde bzw. wie eine den heutigen Verhältnissen angemessene Kritik beschaffen sein könne. In dem abschließenden Abschn. (7) wird in Form eines Ausblicks skizziert, welche Entwicklungstendenzen sich hinsichtlich der Stellung des Individuums in der informatisierten und wissensgeprägten (Arbeits −)Gesellschaft abzeichnen.

Informatisierung, Information und Wissen 2

Die modernen Informatisierungsprozesse sind vor dem Hintergrund der Durchsetzung des „informationellen Kapitalismus" (vgl. Castells 2001) seit den siebziger Jahren des 20. Jahrhunderts zu sehen. Sie stellen eine Dimension der tastenden Antworten dar, die auf die Wirtschafts- und Verwertungskrise des internationalen Kapitalismus ab 1973 gefunden worden ist; die Globalisierung der Wirtschaft – und zunehmend auch die von Gesellschaft und Politik – stellt die andere wichtige Dimension dar (vgl. genauer Schmiede 2006).

Wir gehen hier von einem über die gängige Formel der Computerisierung hinausgehenden Verständnis der Informatisierung aus (vgl. Schmiede 2006). Informatisierung von Arbeit heißt für unseren Ansatz, dass in weltumspannenden sozio-technischen Systemen die Generierung, Kommunikation und Verarbeitung von Informationen zum Gegenstand wirtschaftlicher Aktivität wird. Informationen sind nicht mehr nur produktionsunterstützend, sondern werden selbst zum Produkt. Die Entwicklung der Informationstechnologie stellt dafür eine unverzichtbare Voraussetzung dar. Informationstechnologie ermöglicht dabei über mittlerweile schier unbegrenzte Mengen von Daten zu verfügen und diese nach festgelegten Algorithmen zu Informationen aufzubereiten. Dabei bleibt trotz aller Fortschritte in der Datenverarbeitung die grundlegenge Operation gleich. Durch Formalisierungsprozesse werden Unterschiede als Daten dokumentiert und mit festgelegten Prozessen des In-Form-Bringens und des In-Kontext-Bringens werden aus Datenbergen Informationen gewonnen. Mit Hilfe der entsprechenden IuK-Technologien wird es so möglich, auf einer virtuellen Ebene die unterschiedlichsten Operationen, Kombinationen und Simulationen an den Abbildern von Realität vorzunehmen, welche die Informationen repräsentieren. Durch Informatisierungsprozesse können Realitäten, befreit von den Grenzen der Materialität, in einer virtuellen Welt beliebig

© Springer Fachmedien Wiesbaden 2014
C. Schilcher, J. Diekmann, *Moderne Arbeitswelten*, essentials,
DOI 10.1007/978-3-658-06790-8_2

manipuliert werden. Hier entsteht ein tendenziell kaum begrenzter Experimentier- und Möglichkeitsraum (vgl. genauer Schmiede 1996b).

Information ist unserem Verständnis nach damit als syntaktisch aufgeladene Formalisierung zu verstehen. Daten sind abhängig von spezifischen Beobachtungsmodi und können beispielsweise als Zahlen oder Sprache, Text oder Bilder codiert sein (vgl. Willke 2001, S. 7; Willke 2002, S. 16). Daten sind demnach dokumentierte Unterschiede. Die Information ist ein Datum, das sich von anderen Daten durch einen Relevanzkontext abhebt, sie ist ein bedeutsamer Unterschied: „A difference, which makes a difference" (Bateson 1972, S. 453). Für Wissen bedarf es wiederum mehr als bloßer Information; für ein wissendes Verstehen sind mehr oder weniger umfangreiche semantische Einbettungen notwendig. Ein kurzes Beispiel mag dies veranschaulichen (vgl. Schilcher 2006, S. 23): Es können auf unterschiedlichste Weisen Daten über den Zustand eines menschlichen Körpers gewonnen werden. Die Daten werden zu Informationen, wenn sie unter ein erstes Relevanzsystem fallen, beispielsweise wenn Daten nicht in einem Normbereich liegen (eine Körpertemperatur von 37.9 °C heißt „erhöhte Temperatur"). Diese Informationen stehen dem Arzt wie dem Patienten zur Verfügung, das heißt allerdings nicht, dass beide deshalb wissen, wie der Zustand einzuschätzen ist. Die Informationen müssen in Beziehungen gesetzt und in einen weiteren Kontext gebracht werden, damit das Wissen entstehen kann, worin die Beschwerden des Patienten gründen und wodurch diese ggf. beseitigt werden können.

Die Information besitzt im Verhältnis zum Wissen stärker pragmatischen Charakter. Sie macht eine konditionale Aussage über einen Sachverhalt unter bestimmten, definierten Randbedingungen (vgl. Schmiede 1996b, S. 19). Mit der Information verknüpfen sich Prozesse der Komplexitätsreduzierung, der Vereinfachung und positiven Bestimmung. 37.9 °C Körpertemperatur eines Menschen ist gleich „erhöhte Temperatur", dies ist durch medizinische Konventionen festgelegt. Damit soll in der Information Wissen (über den menschlichen Körper und seine Erkrankungen) kondensiert und transportfähig gemacht werden. Information ist in dieser Funktion eine Kommunikationsform, die von anderen aufgenommen und weiterverarbeitet werden kann (vgl. Mittelstraß 1992, S. 226). Allerdings sieht man der Information in der Regel nicht an, ob sich hinter ihr Wissen, Gewissheiten oder Meinungen verbergen. Sie kann von unterschiedlichstem Gütegrad sein, sie kann falsch oder belanglos sein (vgl. Mittelstraß 1992, S. 230; Kuhlen 2002, S. 65). Einer Information muss geglaubt werden, wenn man das Wissen, das mit der Information befördert werden soll, nicht prüfen kann.

Die Zunahme von Informations(verarbeitungs)möglichkeiten ist also nicht gleichzusetzen mit der Zunahme von Wissen. Wissen lässt sich auch nicht in einer einfachen Art technisch bearbeiten. Eine dingliche Auffassung von Wissen wird der Komplexität des Wissens nicht gerecht. Wissen ist nicht ein Bestand, sondern ein Prozess. Die Information beurteilt und interpretiert sich nicht von selbst. Dafür ist ein weiterer Kontextualisierungsschritt notwendig, der mit subjektgebundenem Wissen vollzogen wird.

Michael Polanyi charakterisiert die Struktur des Wissens als eine Verknüpfung von expliziten und impliziten Wissensdimensionen. Implizite Wissensdimensionen bilden den Wissenshintergrund, der nicht im Zentrum der menschlichen Aufmerksamkeit steht, sondern als eine quasi selbstverständliche Grundlage existiert. Die expliziten Wissensdimensionen stehen im Fokus der Aufmerksamkeit und bilden die Wissensanteile, über die leichter gesprochen werden kann und die einer rational-analytischen Prüfung zugänglich sind.

Da Wissen diese beiden Wissensdimensionen in sich einschließt, ist Wissen weder ausschließlich eine Sache der Erfahrung oder Intuition noch eine reine formalisierte Prozedur. Kodifikationen von Fakten zu Daten und ihre Aufbereitung nach Regeln zu Informationen sind wichtig, jedoch sind Menschen beispielsweise nicht in der Lage, Fahrrad zu fahren, eine wissenschaftliche Idee oder Problematik zu entwickeln oder in der Muttersprache einen guten Vortrag zu halten, wenn sie sich darauf konzentrieren, explizite Regeln zum korrekten Ausführen der Tätigkeiten zu befolgen. Es ist vielmehr so, dass es uns oft schwer fällt zu definieren, wie und warum wir etwas können oder warum wir etwas wissen, eben weil Wissen davon profitiert, dass es sich auf einen impliziten Wissenshintergrund stützt und verlässt. Dies führt Polanyi zu der vielzitierten Aussage: „we know more than we can tell" (Polanyi 1966, S. 4). Das bedeutet, dass Wissen einen Kern besitzt, der implizit verbleibt. Wissen weist trotz Explizierungsmöglichkeiten stets Bereiche auf, die nicht objektiviert sind und vor einer Objektivierung zurückweichen. Daraus resultiert die strukturelle Unbestimmtheit des Wissens, die dafür verantwortlich ist, dass über Wissen immer auch Nichtwissen bestehen bleibt. Polanyi kommt deshalb zu dem Schluss: „all knowledge is either tacit or rooted in tacit knowledge. A wholly explicit knowledge is unthinkable" (Polanyi 1969, S. 144). Jeder Versuch eine komplexeren Handlungszusammenhang mit expliziten Verhaltensregeln zu beschreiben, führt in einen unproduktiven Regress aus „Warum", der sich die menschlichen Fähigkeiten zur Problemlösung genau nicht zunutze macht.

Dies hat Konsequenzen für das Verhältnis von Information und Wissen bzw. für die entsprechenden Prozesse der Informatisierung und der Wissensdurchdringung moderner Wertschöpfungsketten aber auch für gesellschaftliche Aushandlungsprozesse. Informatisierung stößt wegen ihrer prinzipiellen Barriere der positiven Eindeutigkeit immer wieder schnell an ihre Grenzen, denn die natürliche und soziale Wirklichkeit ist nie eindeutig, sondern durch Unbestimmtheiten gekennzeichnet (vgl. Gamm 2000). Denn „Computer sind nicht überall einsetzbar. Ihre Verwendung erfolgt vor allem dort, wo menschliches Handeln expliziten Regeln folgt" (Heintz 1995, S. 55), aber „die Regel regelt nichts, wenn nicht eine Erfahrung hinzutritt, die ausgesprochen oder unausgesprochen ein Wissen davon aktivieren kann, wie sie auf die Welt der wirklich erscheinenden Dinge bezogen werden muss" (Gamm und Körnig 1991, S. 139). Informatisierte Sachverhalte und Strukturen bedürfen also immer wieder der Rückübersetzung in Kontexte, d. h. der interpretierenden und verständlich machenden Einordnung in menschliche Wahrnehmungs- und Wissensformen. Dieser Rücktransfer kann jedoch selbst nicht informationstechnisch zustande gebracht werden. Er bedarf vielmehr des aktiven Einsatz von menschlicher Subjektivität und in der Person verkörpertem Wissen, um dem Ergebnis der informationstechnisch gestützten Berechnung, der Simulation oder der Analyse überhaupt Sinn und Geltung zu verschaffen.

Dies gerät mit der Zunahme avancierte Datenaufbereitungssysteme und der wachsenden Bedeutung komplexer Simulationen auch für politische Fragen zum Teil aus dem Blick. War mit Beginn der Informatisierung das Erstellen und Befüllen von Informationssystemen durchaus gängige Praxis, entstehen heute in vielen Lebensbereichen ganz selbstverständlich Datenberge, aus denen per „Data-Mining" oder „Big Data Verfahren" Verwertbares geborgen werden soll. Diese Verfahren zeigen in den vergangenen Jahren zunehmend Fortschritte. So lassen sich beispielsweise viele hundert Messwerte eines komplexen technischen Systems als System-Zustände auf einer Kohonen-Karte abbilden (Kohonen 2001; Frey 2008). Selbst für einfache Recherchen im Internet werden neben den Suchbegriffen weitergehende Informationen, wie etwa der Standort, mit komplexen Algorithmen aufbereitet und daraus hierarchisierte Ergebnisse generiert. Die Veränderung des Klimas wird zunehmend auf Basis verbesserter, regionaler Wettermodelle prognostiziert (Jacob et al. 2012). Diese Entwicklungen der automatischen Bearbeitung großer Datenmengen werden für die Informationsgesellschaft entscheidende Weichen stellen und für die Beantwortung komplexer gesellschaftlicher Fragen an Bedeutung gewinnen. Dabei werden zunehmend Informationssysteme zum Einsatz kommen, die nicht mehr Datenberge reproduzieren, sondern bereits nach relevanten Informationen filtern. Dabei werden Vorstellungen von Relevanzen als Filter technisiert. Es droht unsichtbar zu werden, welche Vorauswahl für den Nutzer getroffen wurde. So zeigt die personalisierte Aufbereitung von Informationen im Internet einen personalisierten Ausschnitt der Welt, ohne dass dies für den Nutzer unmittelbar erkennbar wäre (Schmitt 2011). Wir leben in einer Informationsblase, die durch Filter vorstrukturiert wurde (Pariser 2012). Die Informationssysteme irritieren den Nutzer immer weniger mit dem Blick auf unsortierte Rohdaten oder Unwägbarkeiten der eingesetzten Modelle und Filter. Die Fortschritte in der Automatisierung der Datenaufbereitung machen dabei neue Wissenbestände notwendig, um die Schwächen und Mechaniken der informatorischen Aufbereitung in die Interpretation der Informationen einbeziehen zu können.

Pointiert formuliert: Information ohne Wissen wird schnell zu Unsinn oder bedeutet Ohnmacht. Wissen um die innere Mechanik der Aufbereitung von Informationen wird zum Politikum für die öffentliche Sphäre und zur Grundlage funktionierender Wertschöpfung in den Wertmodellen der Privatwirtschaft.

Informatisierung im hier beschriebenen Sinne ist immer mit Verfügbarmachung und Kontrolle von Realität verbunden, denn das Charakteristikum von Information ist ihre Reproduzierbarkeit und ihre Übertragbarkeit; Grundlage dafür sind ihre positive Bestimmtheit und ihre Wiederholbarkeit (vgl. Schmiede 1996b). Verfügbarmachung und Kontrolle sind hier keineswegs nur als Kritikbegriffe gemeint. Auch wenn der kontrollierende Zugriff auf die natürliche wie soziale Wirklichkeit mittlerweile Goerge Orwells Vorstellungen zu Überwachungsmöglichkeiten weit überschritten hat, werden durchaus auch neue Dimensionen der Realität im positiven Sinne verfügbar und nutzbar gemacht, die ohne die informationstechnischen Grundlagen und ihre Leistungsfähigkeit überhaupt nicht denkbar waren. Heutige naturwissenschaftliche und technische Forschungsmöglichkeiten und Entwicklungsvorhaben im Mikro- oder Nanobereich, moderne Simulationsverfahren zur Erprobung realer Konstellationen, aber auch rechenintensive statistische Forschungsverfahren in den Geistes- und Sozialwissenschaften haben neue Wissensbereiche eröffnet und die Horizonte menschlicher Erkenntnis erweitert. Wissen profitiert also auch von Prozessen der Informatisierung, da Menschen ihr Wissen im Zusammenspiel mit technischen Systemen weiterentwickeln können.

Neben den notwendigen gesellschaftlichen Debatten um Grenzen der Verwertung von Daten durch die Privatwirtschaft auf der einen Seite und der automatisierten Überwachung von Kommunikation durch Ermittlungsbehörden und Geheimdienste auf der anderen Seite, werden Diskussionen um die Resilienz von Informationssystemen immer bedeutsamer. Dabei wird die Frage zu stellen sein, wie eine soziale Resilienz erreicht werden kann, die nicht versucht, einen möglichen Unfall als „Verwundbarkeit" vorherzusehen, sondern die auf die Fähigkeit einer Gesellschaft abzielt, mit zusammenbrechenden Informationssystemen umzugehen (Lorenz 2010). Es ist darüber hinaus die Frage zu stellen, welche Lebensbereiche in welchem Umfang Informationssystemen anvertraut werden sollen, wenn der Unfall in technischen Systemen immer schon mit enthalten ist (Gransche 2014). So ist auf der einen Seite vorstellbar, dass in einer oder zwei Dekaden Algorithmen Verkehrssituationen so gut erkennen, dass sie Automobile steuern und dabei sehr viel weniger schwere Fahrfehler begehen als menschliche Fahrer. Auf der anderen Seite zeigte die Weltfinanzkrise ab 2009, dass die informationelle Abbildung vieler kleiner Ausschnitte der Finanzmärkte zu einer heftigen Krise des Weltfinanzsystems führte, dessen Folgen z. B. die Menschen in Südeuropa mit Massenarbeitslosigkeit und grassierender Armut persönlich zu tragen haben.

Finanzmärkte, Informatisierung der Unternehmen und die Bedeutung von Wissen 3

Diese Notwendigkeit der Vermittlung zwischen informatorischer Modellwelt und wissensbasierten Entscheidungen lässt sich sehr gut an dem Ausgangspunkt der modernen computer- und netzwerkgestützten Informatisierung, nämlich den globalisierten Finanzmärkten, verdeutlichen. Darüber hinaus wird hier erkennbar, dass ausgehend von den Finanzmärkten Informationssysteme den Arbeitsalltag vieler Beschäftigter durchdringen, die auf die monetäre Repräsentierbarkeit aller Arbeitsprozesse abzielen.

Die Informatisierung mit ihrem großflächigen Einsatz der computerbasierten Informations- und Kommunikationstechniken seit den 1970er Jahren hat nicht zufällig ihren Ausgang in den internationalen Finanzmärkten, also im Geld- und Kapitalverkehr in seinem rasch angewachsenen Formenreichtum, genommen. Denn die Sphäre der Geld- und Kapitalwirtschaft – genereller die der Wertökonomie – war schon seit den Anfängen der (vorindustriellen) kapitalistischen Produktionsweise die erste, wichtigste und prägend bestimmende Form der informationellen Abstraktion von der Realität der materiellen Produktion und Reproduktion (vgl. den kurzen Überblick in Schmiede 2003, S. 175 f.). Damit verschoben sich in den vergangenen Dekaden zunehmend die Relationen zwischen dem Finanzkapital und dem sog. produktiven Kapital. Bedeutete Finanzkapital bei Hilferding (1971/1910) noch die organisatorische Vereinigung von Banken und Industrieunternehmen in Form marktbeherrschender Allianzen (weshalb Hilferding auch vom „organisierten Kapitalismus" spricht), so haben wir heute eine Herrschaft des Finanzkapitals im Sinne der Dominanz des Finanzmarkt-Kapitalismus. Diese Dominanz der Finanzmärkte „könnte man ‚financial repression' nennen, weil die finanziellen Forderungen an reale Ökonomie und Gesellschaft in vielen Fällen eine Überforderung

© Springer Fachmedien Wiesbaden 2014

C. Schilcher, J. Diekmann, *Moderne Arbeitswelten*, essentials,

DOI 10.1007/978-3-658-06790-8_3

der Leistungsfähigkeit bei der Produktion des Überschusses bzw. Mehrwerts darstellen" (Altvater 2004, S. 41).

Mit dem Platzen der Blase, die sich auf den Finanzmärkten für Hauskredite von Schuldnern mit niedriger Bonität in den Vereinigten Staaten gebildet hatte (vgl. Reinhart und Rogoff 2010, S. 289 ff.), zeigte sich nicht nur die Fragilität eines hochgradig „unorganisierten" Akkumulationsregimes, sondern auch das Ausmaß der „financial repression". In einer Kettenreaktion geriet das Weltfinanzsystem an den Rand des Kollapses, der wesentlich durch eine faktische Verstaatlichung von Zahlungsversprechen durch die Zentralbanken und Regierungen verhindert wurde. Risiken von Sparern, Investoren und Spekulanten wurden zum Verzicht von Steuerzahlern auf staatliche Dienstleistungen in der Zukunft umgebucht. Die damit einhergehende Aufblähung der Staatsschulden verschob den drohenden Zusammenbruch von Banken in die Staatshaushalte, während niedrige Zentralbankzinsen frisches Geld für das Wiedererstarken der Finanzmärkte bereitstellte.

Diese Kettenreaktion wirft aber nicht nur die berechtigte Frage nach den notwendigen politischen Folgerungen aus der Finanzkrise auf, sondern zeigt zudem, dass die vielfältigen Informationssysteme, die relevante Daten zu Aktien, Devisen, Rohstoffen und den daraus abgeleiteten Derivaten sammeln, aufbereiten und miteinander verketten, nicht geeignet waren, Risiken richtig einzuschätzen.

Die komplexen finanzmathematischen Modelle erlauben es zwar beispielsweise die Preise von Derivaten ausgehend von Black-Scholes Modellen „risikoneutral" festzusetzen, aber solche Modellbildungen setzen „implizit immer ein gewisses Maß an Stationarität voraus, eine Annahme, die gerade auf Finanzmärkten äußerst heikel ist" (Föllmer 2009, S. 153). Das Platzen einer Blase, die zunächst auf den Markt für Hausfinanzierung in den Vereinigten Staaten und die zugehörigen Derivate eingegrenzt schien, zeigte, wie sehr ein „schwarzer Schwan" (vgl. Taleb 2010) das Gesamtsystem in Wirbel versetzen konnte. Die Informationssysteme zum „Risikomanagement" entpuppten sich als wirkungslos, so der Risk Manager einer großen Geschäftsbank: „Auf ein Modell hundert Prozent vertrauen? Na, dann wärs kein Modell, dann wärs ja die Wirklichkeit" (Dröge 2010, S. 47). Die sicher geglaubte Informationswelt nicht mehr mit der Realität abstürzender Kurse, zorniger Kunden und drohender Zahlungsunfähigkeit in Einklang bringen zu können, machte die Wissensarbeiter im Banksektor im wesentlichen ratlos: „Das hat einfach keiner so zu Ende gedacht, dass wenn ganz viele daran verdienen, das Geld auch irgendwo herkommen muss" (Müller 2010, S. 54). Die Arbeitsteilung in den Banken hatte dazu geführt, dass sich Fachabteilungen auf ihren Ausschnitt der informationellen Verdopplung der Finanzmärkte konzentrierten und die wachsende Komplexität aus dem Blick verloren. Einzugestehen, dass man die mathematischen Modelle und die daraus abgeleiteten Produkte nicht verstand, kam nicht in Frage (vgl. Honegger et al. 2010). Schließlich erschienen diejenigen Bankiers als Gewinner der Krise, die ihrem impliziten Wissen über die innere Mechanik von Finanzmärkten gefolgt waren und nicht an risikolose Rendite glauben wollten. Die Informationssysteme haben es den Banken nicht erlaubt den Minsky-Punkt zu erkennen, an dem die Erwartungen zukünftiger Renditen nicht mehr real erwirtschaftet werden können (Minsky 2007). Aus Überschwang war ein Kettenbrief geworden, dessen Abreißen, durch die Verschuldungshebel multipliziert, immense Verwerfungen in Gang setzte.

Gleichwohl sind die synthetischen Informationen über Unternehmen in Form von Kennzahlen, Kreditratings usw. die Voraussetzung für das Funktionieren globalisierter Finanzmärkte: „Die zentrale Operation der Finanzmärkte liegt in der Kapitalisierung, d. h. der Festlegung eines Erwartungswertes für Zahlungsversprechen" (Windolf 2005, S. 26).

An die Unternehmen der Realökonomie wird die Anforderung gestellt, ihre vergangene Entwicklung und das zukünftige Potential von Zahlungsströmen in Kennzahlen abzubilden. Hier hat sich ein wissensintensiver Anforderungs- und Aufgabenbereich herausgebildet, in dem die Realitäten der Produktionsökonomie in die Anforderungen der Wertökonomie übersetzt werden müssen.

Aktiengesellschaften stehen damit unabhängig von ihrer inneren Struktur unter dem Druck, hohe Renditen in umkämpften Märkten zu erzielen, was einen immensen Kostendruck in allen Branchen und nachgelagerten Stufen der Wertschöpfung zur Folge hat. Dies führt nach Schumann (vgl. 1998, S. 27 f.) im Zusammenspiel mit kurzfristig orientierten Anlagehorizonten zu einer Rücknahme betrieblicher Organisationsspielräume etwa in der Fertigung, wo eher mittelfristige Produktivitätsgewinne realisiert werden (vgl. Pfeiffer 2007a). Die Folge „ist eine Tendenz zur Standardisierung von Strukturen und Entscheidungen, die innovative Prozesse erschwert und die unternehmerische Initiative der Akteure vor Ort zurückdrängt" (Deutschmann 2005, S. 76).

Das Management ist mit dem so aufgespannten Universum von Kennzahlen doppelt verbunden. Erfolg schlägt sich über Bonuszahlungen oder Aktienoptionen direkt in den Gehältern des Vorstands nieder. Wird die Rentabilität verfehlt, muss das Management mit Aktionen nach dem Prinzip „Fix it, sell or close!" die Rentabilität wieder herstellen oder seinen Hut nehmen. Wesentliche Folge sind Restrukturierungsmaßnahmen, die sich an dem zeitlichen Anlagehorizont der Fondsgesellschaften orientieren (vgl. Windolf 2005, S. 37).

Auf die Bedeutung und die Aspekte des Wissens wirkt die „financial repression" in zweifacher Hinsicht: Die Unternehmen müssen die betrieblichen Abläufe verstärkt in Informationssystemen abbilden, die von den Bedürfnissen der Finanzmärkte präformiert werden. Auch die kleinsten Einheiten müssen ihre betrieblichen Prozesse wertmäßig abbilden und steuern. Gleichzeitig stützen sich jedoch die gegenwärtigen Wertschöpfungsketten verstärkt auf Wissens- und Projektarbeit, die sich durch Dynamiken der Kontingenz und stark implizit verlaufende Prozesse einer direkten Repräsentation entziehen. Wertabstrakte Informationssysteme stellen an produktionsökonomische Wissensprozesse jedoch weniger die Frage nach ihren Innovationspotentialen oder Reaktionsfähigkeiten auf Unvorhergesehenes, sondern in erster Linie nach ihrer monetären Repräsentierbarkeit.

Ein weiteres Dilemma ist die Kollision von beschleunigten betrieblichen Restrukturierungen mit der Verankerung von Arbeit in Vertrauens- und Anerkennungsprozessen: Wissensarbeit ist auf Grund ihrer Komplexität und ihrer Fundierung in impliziten Wissensprozessen von einer größeren Informationsassymmetrie gekennzeichnet als etwa einfache manuelle Tätigkeiten und ist damit einfachen und direkten Zwangs- und Kontrollmaßnahmen weniger zugänglich. Nicht nur wechselseitige Vertrauensverhältnisse und Anerkennungsprozesse gehören zur Wissensarbeit, sondern auch das Arbeiten in Projekten, für das funktionierende soziale Netzwerke von zentraler Bedeutung sind. Aus der Perspektive des Shareholder Value hingegen wird der Arbeitsprozess „als eine Summe messbarer Leistungen von Individuen und Teilsystemen betrachtet, aus der profitable Elemente ausgewählt und unprofitable abgestoßen werden können" (Deutschmann 2005, S. 75).

Diese Prozesse werden von den Beschäftigten aller Qualifikationen zunehmend als eine Bedrohung erfahren (vgl. Kadritzke 2006). Das Management mag die Verantwortung für Entlassungen an die Finanzmärkte weiterreichen, es verhindert damit jedoch nicht Vertrauensverluste seitens der Belegschaft (vgl. Stephan 2006). Ob die Drohung einer feindlichen Übernahme auf Dauer ausreicht, die Opferbereitschaft oder die Kreativität der Beschäftigten zu mobilisieren, bleibt offen. Darüber hinaus zerstört ständige Umstrukturierung bestehende soziale Netzwerke, die ein Rückgrat für gut funktionierende Wissensprozesse in einer Organisation bilden. Die gegenwärtige Struktur der Finanzmärkte steht damit in doppeltem Widerspruch zu den Erfordernissen der Wissensarbeit auf der Ebene ihrer betrieblichen Praxis. Es stellt sich deshalb die Frage, wie die Beschäftigten auf diese Arbeitsumwelt taktisch oder strategisch reagieren (vgl. Abschn. 7).

Die beschriebenen Prozesse erzeugen qualitative Veränderungen durch die Verschiebung der Bruchstelle zwischen Wert- und Produktionsökonomie. Diese ist, wie Hohlmann (2007) zeigt, in das Unternehmen selbst hinein verlagert worden. Die Übersetzung wertökonomischer Imperative in die reale Produktionsökonomie ist ein wesentlicher Prozess, um ein Unternehmen unter den heutigen Bedingungen überhaupt konkurrenzfähig gestalten zu können. Dabei verschieben sich die damit verbundenen Risiken zunehmend in die unteren Rängen der Unternehmenshierarchie, die entweder an der Markt- oder an der Produktions- bzw. Dienstleistungsfront mit den Unwägbarkeiten und Unbestimmtheiten der Realität zu kämpfen und die Risiken dieser strukturellen Unsicherheit in ihrer Arbeit oder gar durch deren Verlust oft genug persönlich zu tragen haben. Die vermittelnde Wissensarbeit scheint sich in dieser neuen Struktur bei den sog. Key Users der ERP (Enterprise Resource Planning) Systeme zu konzentrieren, die gegenwärtig eine Schlüsselstellung in der Übersetzung und Rückübersetzung zwischen Wert- und Produktionsökonomie einnehmen (vgl. Hohlmann 2007; Pfeiffer 2007b, S. 62 ff.). Die Informatisierung der betrieblichen Prozesse ist hier Bestandteil eines durch die veränderten Marktstrukturen herbeigeführten Reorganisationsschubs von Unternehmen (und zunehmend auch anderen Organisationen), der auf der einen Seite die Machtposition der Zentrale stärkt, auf der anderen Seite aber auch mit zunehmenden Problemen verbunden ist, die Organisation auf langfristige strategische Ziele ausgerichtet zu führen. Aus der Sicht der Beschäftigten heißt das, dass sie sich wachsenden Zumutungen durch den Arbeits- und Verwertungsdruck ausgesetzt sehen, zugleich aber in zunehmendem Maße autonom arbeiten sollen, mit aller damit verbundenen Ambivalenz von Freiheit und Verantwortung einerseits und Risikoabwälzung und Abhängigkeit andererseits.

Veränderung von Arbeit und Organisation und die Bedeutung von Wissen

4

Diese Ausbreitung eines globalisierten Finanzkapitalismus hat Folgen in der Unternehmens- und Betriebsorganisation sowie für Beschäftigung und Arbeit, die nicht ohne Konsequenzen für die Rolle des Wissens in der informatisierten Ökonomie bleiben. Unternehmensextern wie -intern dominiert der wertökonomische Konnex die Wertschöpfung und damit auch die Arbeitsorganisation, in die die Arbeit der Beschäftigten eingebettet ist. Die Rationalisierung entlang der Wertschöpfungsketten hat in den letzten Jahrzehnten zur Herausbildung neuer, differenzierterer Strukturen der Arbeitsteilung geführt; die Entwicklung der einzelnen weltweit vernetzten Teilproduktmärkte, die ohne die weltumspannende Informatisierung gar nicht möglich gewesen wäre, war die Voraussetzung dafür. Arbeitsorganisation ist daher nicht mehr betriebsspezifisch, sondern – wie im Konzept der systemischen Rationalisierung theoretisch gefasst – auf ganze Prozessketten hin betriebsübergreifend zu betrachten (vgl. Pfeiffer 2004, S. 164 ff.; Bieber 1992).

Historisch ist diese Verschiebung an die tastende Bewältigung der Verwertungskrise des Fordismus geknüpft, die sich bis heute zu deutlichen Veränderungen der Arbeitswelt verdichtet hat. Hierarchisch-bürokratische Organisationsformen und berufszentrierte Arbeits- und Personalpolitiken befinden sich auf dem Rückzug. Neben die klassische Form der Beschäftigung in kontinuierlichen, arbeits- und sozialrechtlich abgesicherten Vollzeit-Arbeitsverträgen – auch als „Normalarbeitsverhältnis" bezeichnet – sind verschiedene flexible Beschäftigungsformen, auch „atypische Beschäftigung" genannt, getreten. Eine nationalstaatlich regulierte Wirtschaftsordnung und das System der sozialstaatlichen Absicherungen erodieren gegenwärtig unter veränderten wirtschaftspolitischen Leitbildern und Standortkonkurrenzverhältnissen. Im globalen Wettbewerb setzen Unternehmen auf verstärkte Marktorientierung und Flexibilisierung. Die Unternehmen streben die Abflachung

© Springer Fachmedien Wiesbaden 2014
C. Schilcher, J. Diekmann, *Moderne Arbeitswelten*, essentials,
DOI 10.1007/978-3-658-06790-8_4

von Hierarchien an, verschlanken sich beispielsweise durch Outsourcing, betreiben Dezentralisierung, konzentrieren sich auf ihre Kernkompetenzen, formulieren die Kundenorientierung als Ziel und meinen damit ihr Bestreben, Veränderungen des Marktgeschehens nach Möglichkeit direkt in die eigene Organisationsstruktur umzusetzen. Sie wollen jenseits der Massenproduktion hochwertige Produkte „just in time" produzieren und innovative Dienstleistungen anbieten. Unter dieser Leitlinie der „flexiblen Spezifizierung" (vgl. Piore und Sabel 1985, S. 37 ff.) wird die Team- und Projektarbeit als adäquate Arbeitsform gesehen, die von qualifizierten, selbstverantwortlichen Mitarbeitern in immer neuen Zusammenhängen geleistet werden soll. Hohes Fachwissen, soft skills und Flexibilität werden zur ständigen Anforderungen an die Projektmitglieder. Das stärkere Einbeziehen des Einzelnen in Entscheidungsabläufe der Unternehmung zum Zweck der schnelleren und flexibleren Handlungsfähigkeit und der Kostenminimierung ist ein wichtiger Baustein der neueren Organisationsstrukturen. Hierarchische Anweisungs- und Kontrollbefugnisse bleiben zwar nach wie vor ein zentrales Mittel der organisatorischen Koordinierung, aber nichthierarchische Koordinierungs- und Abstimmungsformen wie beispielsweise Projektgruppen, Gruppenarbeit oder Qualitätszirkel gewinnen an Bedeutung, was eine Verschiebung von der Fremdkontrolle durch Arbeit in festen Routinen zur Selbstkontrolle durch Projektziele und (schwacher) Ressourcenausstattung bewirkt. Es entwickeln sich diversifiziertere Produktions-, Arbeits- und Beschäftigungsformen, die stärker auf die jeweiligen Unternehmen, Betriebe, Berufe, Personen und Anforderungen zugeschnitten sein sollen. Zielvereinbarungen als Führungsinstrument haben wachsende Bedeutung erfahren und besitzen für das Unternehmen den Vorteil, dass Arbeitszeiten, Bezahlung und Berufskarriere nicht mehr auf den einzelnen Arbeitsprozess hin genau abgestimmt sein müssen, sondern nur noch an der abstrakten Größe des Zielerreichungsgrads orientiert werden brauchen.

Kurz: Die Veränderungen dokumentieren sich in einer Pluralisierung, Flexibilisierung und Ökonomisierung der betrieblichen und gesellschaftlichen Regulierung von Arbeit und Beschäftigung, weil in diesen Neuordnungen adäquate Formen für die neue Struktur von Arbeit gesehen werden (vgl. Willke 2001, S. 303; Heidenreich 2002, S. 10). Dass sich mit dem Wandel vom Fordismus zum Postfordismus transnationale Großkonzerne zu Global Playern entwickelt haben, ist kein Widerspruch, da sie dezentralisiert und horizontal organisiert als „Netzwerkunternehmen" agieren (vgl. Castells 2001; Windeler 2001; Sydow und Windeler 2004). Projekte verkörpern in Netzwerkunternehmen wie auch in Unternehmensnetzwerken, netzwerktheoretisch gesprochen, temporäre Knoten mit passenden Verknüpfungen. Sie bilden virtuelle Unternehmen und reichern so Organisationen mit temporären Strukturen an und machen den stetigen Wandel zum Prinzip. Die IuK-

Technologien spielen bei solchen organisationalen Veränderungen eine wichtige Rolle, denn sie bilden dafür die technische Voraussetzung und Grundlage.

> Der Grad der Bürokratisierung ist rückläufig, die Großunternehmen werden divisionalisiert, die Divisionen wechseln leichter den Besitzer, die Marktbeziehungen sind nicht nur zwischen den Divisionen, sondern bis in die kleinsten Untereinheiten der Unternehmensorganisation hinein verstärkt worden; an die Stelle des, oft technisch verfestigten, Fließprinzips als Leitlinie für die Arbeits- und Ablauforganisation treten zunehmend netzwerkförmige Organisationsmuster, die durch die enorme Entwicklung der Informations-, Kommunikations- und Verkehrstechniken möglich geworden sind. (Schmiede 2006, S. 462)

Die gängige aber doch recht allgemeine Formel für diese Veränderungen ist die der Flexibilisierung. Zu den Veränderungen der Beschäftigungsbedingungen existieren zahlreiche Untersuchungen, welche die unterschiedlichen Dimensionen erhöhter Flexibilität beschreiben und analysieren (vgl. Schmiede 2006, S. 468 ff.). Diese Untersuchungen fokussieren flexible Beschäftigungsverhältnisse wie z. B. Teilzeitarbeit, Zeitarbeit, geringfügige oder befristete Beschäftigung, betrachten Arbeitszeitflexibilisierung mit der Untersuchung heterogener Arbeitszeitmodelle oder beschäftigen sich im Rahmen der räumlichen Flexibilisierung mit Homeofficeregelungen.

Dagegen wird die Entwicklung des Arbeitsvermögens im Kontext der Flexibilisierung vergleichsweise weniger thematisiert. Der „employability", also der stetigen Anpassung des Arbeitsvermögens an die sich verändernden Anforderungen und arbeitsorganisatorischen Kontexte, soll durch bessere Ausbildung und Lebenslanges Lernen Rechnung getragen werden. Diese Antworten haben in der betrieblichen Wirklichkeit häufig mehr programmatischen als realen Charakter und werden – wenn überhaupt – eher für ausgewählte, auf den oberen Ebenen der Betriebshierarchie angesiedelte Beschäftigtengruppen relevant. Und auch die Notwendigkeit, die eigene Subjektivität in den Formen von Erfahrung, Netzwerkfähigkeit, offener Kommunikation, Spontaneität, Motivation oder Kreativität in den Arbeitsprozess einzubringen, wird in Betrieben zwar immer wieder als normativer Anspruch hervorgehoben, aber wenig in Bezug auf seine Verwirklichungsbedingungen und seine reale Förderung hin analysiert. Zudem sind diese subjektiven Dimensionen vornehmlich positiv konnotiert, so dass die Frage, ob das Einbringen dieser Eigenschaften in der Arbeitswelt eine Zumutung darstellen könnte, eher untergeht.

Dadurch gerät meist die Aufmerksamkeit dafür aus dem Blick, dass die erhöhten Anforderungen an das Arbeitsvermögen für einen erheblichen Teil der Lohnabhängigen nicht durch entsprechende Arbeits- und Beschäftigungsbedingungen kompensiert werden. Doch warum sollte ich meine Erfahrungen und mein Wissen weitergeben, wenn ich mir der Gefahr bewusst bin, dadurch eventuell meinem eigenen Überflüssigwerden Vorschub zu leisten? Warum sollte ich mich, über das vom Markt erzwungene Ausmaß hinaus, motiviert und eigenverantwortlich für die Belange des Unternehmens einsetzen, wenn ich damit rechnen muss, dass diese Aktivität gar nicht besonders honoriert, sondern zunehmend als Normalfall betrachtet wird? Warum sollte ich mich besonders in bestimmte fachliche oder marktbezogene Aspekte meiner gegenwärtigen Aufgabenstellung einarbeiten, wenn ich ohnehin damit rechnen muss, dass diese Aufgabe vielleicht in zwei Jahren gar nicht mehr existiert oder zumindest nicht mehr von mir bearbeitet wird? Mit der modernen Form des „payment by results", also der ergebnis-, nicht der durchführungsorientierten Form der Honorierung von Arbeit, tritt das notwendige Korrelat der alten Form des payment by results, also des Stücklohns oder Akkords, ebenfalls in neuer Form auf: Diente vor 100 Jahren die Begrenzung der Arbeits- und Produktionsmenge als „Akkordbremse", um der Heraufsetzung der Standards und der „Normalleistung" entgegenzuarbeiten, so entspricht dem heute die Zurückhaltung von subjektiver Verausgabung, sei es als Begrenzung des eigenen Engagements, als bewahrende Behütung der eigenen Erfahrungen oder als Nichtweitergabe von Wissen.

Auch wenn computergestützte technische Systeme in ihrer Wirkung und Bedeutung kaum zu unterschätzen sind und sich das Empfinden der Verobjektivierung, Verselbständigung und Totalität von Computertechnologie bisweilen aufdrängen und pessimistische Einschätzungen hinsichtlich der Entwicklungsmöglichkeiten des Subjekts evozieren (vgl. Wenzel 2002): Mit Blick auf die o. g. Veränderungen von Arbeit und Organisation wird deutlich, dass die Durchdringung von Informationstechnologie nicht zu einer Beseitigung der Subjektqualitäten von Menschen geführt hat. Flexibilität im Arbeitshandeln, Veränderungen von Organisationsstrukturen und die Anwendung von Informationssystemen in konkreten stofflichen Prozessen verweisen auf die Notwendigkeit von Wissen. Damit treten zum einen die Grenzen der Informationstechnologie hervor und zum anderen wird verdeutlicht, dass Informationstechnologie nicht nur eine strukturierende, quasi über den Köpfen der Menschen sich vollziehende Macht darstellt, sondern selbst in sozialen Zusammenhängen strukturiert und kontextualisiert wird. Damit wird IuK-Technologie auch Gegenstand politischer und ökonomischer Interessen, in dem sich Konflikte und Kompromisse materialisieren (vgl. Schmiede 2005a). Informatisierung findet sich damit auf der Makroebene gesamtgesellschaftlicher Fragestellungen genauso wie auf der Mikroebene von Arbeit und Lebensgestaltung. Der Einzelne benötigt für den souveränen Umgang mit den Informationswelten Wissen. Darunter fällt ein grundlegendes Verständnis für die Filter und Systeme zur Strukturierung der Datenflut genauso wie die Fähigkeit, im Arbeitskontext zwischen realer Wertschöpfung und ihrer wertmäßigen Abbildung einerseits und der informatorischen Modellwelt und den realen physischen Prozessen andererseits zu vermitteln.

Informatisierung und Wissensorientierung stellen mithin eng aufeinander bezogene Prozesse dar. Denn Informatisierungsprozesse sind, wie dargelegt, zum einen Resultat von Wissensprozessen und machen zum anderen erneute Wissensprozesse notwendig. Doch mit der zentralen Rolle, die dem Wissen hier zugewiesen wird, darf nicht eine Art Vormachtsstellung der menschlichen Spontaneität über eine streng formale Rationalität angenommen werden, denn Wissen wird selbst immer wieder Gegenstand von Verfahren, die Wissensprozesse strukturierend zurichten sollen:

> Mit dem fortschreitenden Einsatz von Informationstechniken auf der Basis der Computertechnologie wird auf immer mehr Bereiche der Druck der Explizierung ausgeübt, die sich bisher überwiegend an persönlichen Fähigkeiten der Beteiligten orientiert oder auf die praktische Erfahrung von Experten verlassen haben. Die Bestrebungen, menschliche Tätigkeiten und Fähigkeiten auf informationstechnische Systeme zu übertragen, sind zu einem durchgängigen Motiv geworden, das auf die kontext- und personengebundenen Erfahrungen von Un- und Angelernten ebenso wie auf die Intuition professioneller Experten angewendet werden soll. (Rammert 2001, S. 114)

Gerade durch dieses Wechselverhältnis entsteht ein Spannungsfeld, das sich zwischen den Polen Information und Wissen aufspannt und im Kern das Verhältnis von Formalisierung und Erfahrung betrifft: Sollen und können nach Bell die „intellektuellen Technologien" menschliche Erfahrung noch substituieren (vgl. Bell 1985, S. 45 ff.), ist es heute im Kontext von Wissensarbeit wichtig zu betonen, dass subjektbezogene und nicht-formalisierte Wissensbestandteile unversichtbar sind. Tendenzen der Wissensenteignung der Subjekte sind durchaus existent, gehen jedoch wiederum mit neuen Anforderungen an die Subjekte einher. Aus Sicht eines geplanten, zielgerichteten und kontrollierten Umgangs mit Wissen präsentiert sich damit ein Beherrschungsproblem, das darin begründet liegt, dass Wissen nicht einfach in herkömmlichen ökonomischen oder naturwissenschaftlich-technischen Rationalitäten aufgeht. Phänomene der Wissensarbeit überschreiten vielmehr die Ebene einer objektivistischen Managementlehre und sind immer auch kontingent und risikoreich (vgl. Schilcher 2009). Ist die wissensbasierte Produktion oder Dienstleistung heute verstärkt auf Wissen und seine Mobilisierung, Pflege, Erweiterung und seinen Einsatz durch die Beschäftigten angewiesen, so findet sie zugleich unter Bedingungen statt, die genau die Erfüllung dieser Anforderungen erschweren oder sogar verhindern. Die Wissensökonomie oder Wissensgesellschaft ist an subjektive Voraussetzungen gebunden, die sie zugleich immer wieder gefährdet oder sogar zerstört. Die Wissensökonomie ist also nicht nur als Antwort und Ausweg aus den Krisenerfahrungen der 1970er Jahre zu verstehen, sondern auch als neues Problem, da in der Wissensökonomie Grundbegriffe und Methoden des industriellen Kapitalismus (z. B. Kapital, Privateigentum, Ertragsrechung, ROI, BIP) immer schwerer anwendbar werden (vgl. Gorz 2004). Die Interpretationen der Wissensökonomie pendeln daher auch zwischen diesen Positionen der Ausweitung einerseits und denen der Krise bzw. Überwindung der kapitalistischen Rationalität andererseits.

Ob man nun ausschließlich eine dieser beiden Positionen einnehmen kann, scheint fraglich. Aus unserer Sicht gestalten sich die Informatisierung und die damit zusammenhängende Wissensbasierung der Arbeit als eine ambivalente Entwicklung. In diesem Abschnitt ging es daher vor allem darum, eine neue Form der Widersprüchlichkeit der gesellschaftlichen Nutzung von Arbeit hervorzuheben; sie schließt einerseits an ältere Formen an, hat diese jedoch verwandelt und angepasst.

Für die wissenschaftliche Analyse lässt sich zunächst folgern, dass Untersuchungen von Arbeit mit dem Blick auf Informatisierung gleichzeitig die damit einhergehende Bedeutung von Wissen zu beachten haben. Das bedeutet beispielsweise Fragen des Einsatzes und der Entwicklung von Technologie und Fragen der Subjektivität gleichermaßen und miteinander verbunden zu diskutieren, also zu untersuchen, welche neuen Wissensprozesse mit sogenanntem „information engineering" einhergehen. Die Fragen nach den Nutzungsbedingungen und -möglichkeiten von Technik reichen von der Untersuchung der notwendigen Medienkompetenz des Einzelnen bis zu Überlegungen zu adäquaten Organisationsstrukturen (vgl. hierzu auch Schmiede 2005b). Die einseitige objektivistische Betrachtung der technologischen Dimension und die mit ihr verwandte Vorstellung eines reibungslosen, fehlerfreien Funktionierens informatisierter Zusammenhänge ist nicht nur verkürzt, sondern auch gefährlich (vgl. Weyer 1997). IuK-Technologien, intelligente Systeme oder Computersimulationen können Wissens- und Entscheidungsprozesse unterstützen, aber nicht ersetzen. Informatisierung kann und soll Wissensprozessen zuträglich sein; vor Versuchen, Wissensprozesse zu substituieren, kann an dieser Stelle nur gewarnt werden. Ob die Entwicklung und der Einsatz von Technik dem Leitbild der Unterstützung oder dem der Substitution folgt, ist ein wichtiger und folgenreicher Gestaltungspunkt und wird im Feld gesellschaftlicher Auseinandersetzungen entschieden.

Informatisierung und eine zunehmend bedeutsame Rolle von Wissen in den Produktions- und Dienstleistungsprozessen gehören, so das hier vertretene Argument, strukturell zusammen, sind verschiedene Seiten desselben Zusammenhangs. Die Informationsverarbeitung auf einer virtuellen Ebene ist von einer Abstraktheit und Begrenztheit gekennzeichnet, die es nötig macht, die dort stattfindenden Vorgänge zu kontextualisieren, zu beurteilen, zu interpretieren oder zu selektieren. Auf der virtuellen Symbolebene können Vorgänge beliebig manipuliert werden, dennoch steckt in dieser scheinbaren Grenzenlosigkeit eine Begrenztheit, da die Formalisierung und informationelle Abbildung konkret-realer Abläufe nur begrenzt möglich ist. Da es kaum möglich ist, alle relevanten Parameter und Wirkungszusammenhänge in der Praxis zu identifizieren, bleibt eine technische Modellierung und Vorausplanung des Arbeitsprozesses zwangsläufig unvollkommen (vgl. Hoffmann 1979, S. 231; Böhle 1992, S. 94, 122). Unvorhergesehenes und Unwägbarkeiten gehören nicht nur bei qualifizierter Dienstleistungsarbeit zur Arbeitsalltagserfahrung, sondern sind auch bei der industriellen Produktion im sogenannten Normallauf untrennbar mit dem Arbeitsprozess verbunden (vgl. Bainbridge 1987; Böhle und Rose 1992; Weyer 1997). „Auch Industriearbeiter, selbst ungelernte, sind nicht bloße Rädchen im Getriebe, sondern kontrollieren, in allerdings unterschiedlichem Grade, ‚Unsicherheit‘." (Deutschmann 2002, S. 42)

Abweichungen von geplanten Verläufen gehören mit fortschreitender Technisierung von Arbeit und Produktion zur Normalität (vgl. Böhle et al. 2001, S. 97; Pfeiffer 2007a). Deshalb korrespondiert mit neuen Technologien immer auch der Bedarf nach neuem Erfahrungswissen, um einen kompetenten Umgang mit den neuen Technologien zu sichern (vgl. Malsch 1987, S. 80; Böhle und Rose 1992, S. 145). Für Beschäftigte ist hiermit die Herausforderung verbunden, ihre Fähig-

© Springer Fachmedien Wiesbaden 2014
C. Schilcher, J. Diekmann, *Moderne Arbeitswelten*, essentials,
DOI 10.1007/978-3-658-06790-8_5

keiten an laufende Veränderungen anzupassen. Im Zuge der Verbreitung der IuK-Technologien sind eine Reihe von neuen Anforderungen entstanden, wie:

> die Fähigkeit, neue Probleme zu erkennen und zu lösen; das Wissen um die Gesamtzusammenhänge der betrieblichen Leistungserstellung; die Fähigkeit zur Eigenmotivation, zur Selbstentwicklung und zu eigenständigem Lernen in einem Umfeld von geringen Hierarchien; eigenständige, ergebnisorientierte Organisation von Arbeitsprozessen; die Fähigkeit zur Kooperation in Arbeitsgruppen; auch die Fähigkeit zur zielgerichteten und ergebnisorientierten Zusammenarbeit in ,virtuellen Unternehmen'; die Beherrschung der neuen informationstechnischen Geräte und (auch betriebsübergreifenden) Systeme. (Welsch 1997, S. 57)

Auch die sich ausbreitende Arbeitsform der Projektarbeit benötigt den „ganzen" Menschen:

> Die Fähigkeit sich in einem Projekt zu *engagieren*, sich rückhaltlos einzubringen (…) setzt wiederum eine gewisse *Begeisterungsfähigkeit* voraus. Da das Projekt zudem einen komplexen und ungewissen Prozess darstellt, der von stets unzureichenden vertraglichen Grenzen nicht erfasst werden kann, muss man denjenigen *vertrauen* können, mit denen man Verbindungen eingeht, die sich im Projektverlauf prinzipiell weiterentwickeln werden. Andererseits sind die Projekte ihrem Wesen nach temporärer Natur. Deswegen ist die Fähigkeit, sich von einem Projekt zu lösen und so für neue Kontaktverbindungen *verfügbar* zu sein, genauso wertvoll wie die Teilnahmebereitschaft. (Boltanski und Chiapello 2003, S. 158)

Das einmal erworbene Fachwissen alleine wird zunehmend als unzureichend für die Anforderung angesehen, mit den Veränderungen von Arbeit Schritt zu halten. Hier setzt die Debatte um Lebenslanges Lernen an (vgl. Nuissl 2003). Die Vorstellung, in einer Ausbildungszeit alles nötige Wissen für einen Beruf zu erlernen und von diesem Wissen bis ans Ende der Erwerbstätigkeit zu zehren, gilt heute als eine überholte Ansicht. Nach der Ausbildung soll das Lernen gelernt sein. Ständiges Weiterbilden und Weiterentwickeln, die Aufgabe von Altem und das Aufnehmen von Neuem wird zur Anforderung an Beschäftigte (vgl. Dohmen 1996; BLK 2004). Das lebenslange Lernen wird als eine unhintergehbare Realität der modernen Gesellschaft betrachtet (vgl. Kade und Seitter 1998).

Die Entstehung neuer Arbeitswelten und die damit verbundenen Requalifizierungen von Arbeitern und Angestellten werden in der neueren Diskussion auch als Tendenzen der Subjektivierung von Arbeit gedeutet (vgl. Moldaschl und Voß 2001), die auf der allgemeinen Annahme aufbauen, dass „Individuelle Handlungen und Deutungen (…) im Arbeitsprozess strukturell an Bedeutung (gewinnen)" (Kleemann et al. 2002, S. 53). In einer Lesart der Subjektivierung von Arbeit wird betont, dass nun von Arbeitskräften – auch auf der Ebene der Produktion – nicht mehr nur erwartet wird, dass sie vorgegebene Anweisungen ausführen, sondern auch, dass sie verstärkt Subjektqualitäten wie Eigenverantwortung, Engagement etc. einbringen.

> Re-Subjektivierung soll verregelte und verriegelte Handlungspotentiale freilegen, soll anstelle von Bedürfnisaufschub und instrumenteller Orientierung *Leidenschaft* und Leidensbereitschaft mobilisieren, teure Kontrollsysteme durch kostenlose und effektivere *Selbstkontrolle* substituieren, Herrschaft durch *Selbstbeherrschung* virtualisieren und Planung durch *Improvisation* flexibilisieren. (Moldaschl und Sauer 2000, S. 216)

Mit der Krise des fordistischen Produktionsregimes kommt es zu einem Perspektivenwechsel, der darin besteht, die Erfahrungen, persönlichen Fertigkeiten und Bewältigungsstrategien des Menschen nicht mehr als störenden Restbestand vorindustrieller Produktionsweise zu betrachten, sondern die Subjektivität als Produktivitätspotential und nötigen Bestandteil im Rahmen informatisierter Arbeit anzuerkennen. Der Einzelne erfährt damit eine Aufwertung im Kontext moderner Arbeit.

Die Konsequenzen für das Subjekt, die durch die Aufwertung von Wissen im Arbeitsprozess resultieren, lassen sich jedoch nicht vorschnell entscheiden. Mit Blick auf den Einzelnen lässt sich konstatieren: „Den erweiterten Anforderungen an die Subjektivität stehen die massiven Tendenzen der Formalisierung und Objektivierung von Zusammenhängen in der Technik, der Organisation und der Ökonomie entgegen" (Schmiede 2003, S. 182). Hier ließen sich die Entwicklung von neuen organisationsbezogenen Formen der Koordination, Steuerung und Kontrolle (Zielvereinbarungen, Budgetierungen etc.) ebenso nennen wie die Tendenzen der technischen Standardisierung und Formalisierung oder die partielle Ersetzung von Menschen durch technische Systeme in verschiedenen Bereichen gesellschaftlicher Reproduktion (vgl. vorangegangenen Abschnitt).

„Die Förderung und Indienstnahme von Subjektivität der Beschäftigten durch moderne Managementkonzepte" (Schmiede 2003, S. 182) entspricht der Entwicklung, dass die Rolle des Subjekts einerseits größer geworden ist und Autonomie und Eigenverantwortlichkeit gestärkt wird. Andererseits wird aber durch die enge ökonomische Zweckbindung von Subjektqualitäten der Wissensarbeiter, den erweiterten Zugriff auf das Arbeitsvermögen, die Internalisierung des Marktes, die Selbstinstrumentalisierung und den starken Druck auf die Individuen zur Vermarktung ihrer Fähigkeiten die Frage nach der emanzipativen Entfaltung von Subjektivität nachrangig.

Mit den Versuchen der Formalisierung und Informatisierung von Erfahrung entsteht stets neuer Bedarf an nicht-formalisierter Erfahrung (vgl. Hack und Hack 1985, S. 569; Malsch 1987, S. 80; Deutschmann 1989, S. 377; Böhle und Rose

1992, S. 145). Für Wissensprozesse im Arbeitskontext ergibt sich daraus, dass Prozesse der Informatisierung und Computerisierung nicht als eine Taylorisierung der Kopfarbeit, die totale Vergesellschaftung des Individuums oder die Auslöschung von Subjektivität zu verstehen bzw. zu kritisieren sind. Tendenzen der Wissensenteignung der Subjekte durch die Informatisierung von Wissen sind durchaus existent. Diese gehen jedoch wiederum mit neuen Anforderungen an das Wissen der Subjekte einher. Die Entwicklung der Computerisierung von Wissensprozessen ist deshalb jeweils in seinen Erscheinungen zu untersuchen und differenziert zu analysieren und kann nicht pauschal beurteilt werden. Erwies sich die Euphorie der späten 1990er Jahre über die Möglichkeiten einer digitalen Welt als verfrüht, zeichnen sich nunmehr eine Vielzahl fundamentaler Neuerungen ab. Diese gesellschaftlichen Entwicklungen sind jedoch weder durch liberale Fortschrittsprognosen noch durch verfallstheoretische Zukunftsprognosen beschreibbar (vgl. Honneth 2002, S. 9).

Ein Dualismus mit dem Subjekt auf der einen Seite und den Veränderungen von Arbeit auf der anderen, ist in diesem Kontext eine Vereinfachung. Vielmehr liegt hier ein Wechselverhältnis vor, das Subjektivität selbst umgestaltet, denn mit der Bedeutung von Subjektqualitäten im Arbeitskontext verändern sich auch diese. Fasst man Projektarbeit als weitreichend selbstorganisierte und teamorientierte Arbeit, dann wird Arbeit immer auch zu einer Aushandlungsfrage unter Kollegen. Die Fähigkeit mit Anderen umgehen zu können wird damit Teil der Wertschöpfung. Hierdurch entwickelt sich ein „emotionales Feld" (vgl. Illouz 2006, S. 97) in der Arbeitswelt, das von den Angestellten emotionale Kompetenz fordert, die immer stärker auch zum Kriterium für die Einsetzbarkeit von Personen in Arbeitsfeldern wird (vgl. Illouz 2006, S. 98).

Die Schattenseiten der ideologisierten Subjektivität beleuchtet Alain Ehrenberg (2004) in seinem Buch *Das erschöpfte Selbst. Depression und Gesellschaft in der Gegenwart*. Die Depression als „Krankheit der Freiheit" wurzele im strukturellen Mangel an Kontinuität und Orientierung, der von den Individuen als permanentes Gefühl der individuellen Unzulänglichkeit und Handlungsunfähigkeit erlebt wird. Ähnlich entfaltet diesen Zusammenhang auch Sennett (1998), der diesen Prozess als „corrosion of character" beschreibt. Freiheit ist für das Subjekt nicht mehr nur Möglichkeit, sondern Anforderung. Der Konflikt um das Dürfen ist den Anforderungen des Könnens gewichen. Und das Scheitern von selbstverantwortlicher Initiative wird als Unzulänglichkeit des Individuums personalisiert.

Eine konkrete Untersuchung der Auswirkungen von Projektarbeit auf die psychische Gesundheit legten beispielsweise Gerlmaier und Latniak (2006) vor. In den Projektgruppen wurde es als Belastung erlebt, „sich permanent in neue Methoden und Arbeitsinhalte einarbeiten zu müssen, dafür aber keine ausreichende Zeit und Unterstützung zu bekommen" (Gerlmaier und Latniak 2006, S. 4).

> Psychische Belastung – und darum geht es bei Wissensarbeit vornehmlich – entsteht (…), wenn Arbeitende mit Widersprüchen zwischen Handlungsanforderungen, Regeln und verfügbaren Ressourcen konfrontiert werden, die sie am Erreichen des Arbeitszieles hindern und die für sie mit unmittelbaren negativen Auswirkungen verbunden sind (z. B. Zusatzaufwand, Zeitdruck, Lohneinbußen). (Gerlmaier und Latniak 2006, S. 3)

Diese Widersprüche, aus denen Mehrbelastungen für Beschäftigte resultieren, kennzeichnen wesentliche Teile der Projektarbeit, etwa durch Zeit- und Budgetrestriktion oder die Überlagerung von Managementvorgaben und Kundenwünschen (Gerlmaier und Latniak 2006, S. 7).

Dass diese düstere Diagnose gerade für IT-Fachkräfte gestellt wurde, vermag – wenn auch in sozusagen invertierter Form – den hier behaupteten Zusammenhang von Informatisierung, Subjektivität und Wissen zu unterstützen. Die Freiheiten, die mit den neuen qualifizierten und flexiblen Arbeitsformen einhergehen, sind zweischneidig: Den Gestaltungsmöglichkeiten stehen erhöhte Belastungen gegenüber, die bis in die akuten Krankheitsgefährdungen hineinreichen und teilweise mit erheblichen biographischen Unsicherheiten und den dazugehörigen Ängsten verbunden sind.

Ambivalenzen von wissensbasierter Arbeit in informatisierten Umwelten   6

Die Widersprüche zwischen der beschriebenen Strukturveränderungen von Wertschöpfung und der lebendigen Arbeit sowie den Beschäftigungsverhältnissen in ihren Auswirkungen auf die arbeitenden Subjekte scheinen in der Debatte der letzten Jahre darüber, was Kritik der Arbeits- und Lebensbedingungen denn unter den heutigen Bedingungen heißen könne, wieder auf.

Wesentlich für die Entwicklung der vergangenen Dekaden war dabei die Absorption der Künstlerkritik der 1970er Jahre (Boltanski und Chiapello 2003, S. 469 ff.). Künstlerkritik meint dabei die Kritik am mechanistischen Weltbild der tayloristisch-fordistisch organisierten Arbeit, der Herrschaft des Marktes, der Uniformierung der Massengesellschaft und der Transformation aller Gegenstände in Waren. Daraus leiteten sich Forderungen nach mehr Autonomie, Kreativität oder authentischen Beziehungen zwischen Menschen ab (vgl. Boltanski und Chiapello 2001, S. 468 ff.). Und in der Tat hatten Kreativität und Phantasie lange keinen Platz im naturwissenschaftlich-rationalistischen Paradigma der Moderne. Statt der Einbildungskraft galten die Maxime des rationalen Entscheidens als vorrangig. Kreativität und Phantasie müssen in dieser Leitidee als unzuverlässig gelten bzw. kommen in einem solchen Modell der rationalen Wahl nicht vor (vgl. Kamper 1997, S. 1011).

Mit den jüngsten Wandlungen der kapitalistischen Wirtschaftsweise wurde die Kreativität wiederentdeckt, sie fand eine neue Anerkennung. Kreativität wurde neben Flexibilität, Selbstständigkeit, Teamfähigkeit, Anpassungsfähigkeit und Kommunikationsfähigkeit eine Anforderung an das arbeitende Subjekt, das nicht mehr mechanistisch, sondern subjektiv „ganz" in den Arbeitsprozess einbezogen werden sollte.

© Springer Fachmedien Wiesbaden 2014
C. Schilcher, J. Diekmann, *Moderne Arbeitswelten,* essentials,
DOI 10.1007/978-3-658-06790-8_6   29

Doch aus der Möglichkeit kreativ zu sein ist heute schon Pflicht (vgl. Mittelstraß 2001, S. 142) bzw. nachdrücklicher Zwang (vgl. Deutschmann 2002, S. 45) geworden. Die Forderung nach größerer Anerkennung und adäquaterer Behandlung von Kreativität im Arbeitskontext ist zu einem ambivalenten Anspruch geworden. Auf die Kritik an entfremdeter Arbeit im Industriekapitalismus folgte die Subjektivierung der Arbeit im Postfordismus, auf die Kritik an der Standardisierung und Routinisierung von Arbeit folgten flexible Arbeitsformen, auf die Kritik an der Prüderie des bürgerlichen Lebens folgte die Vermarktung von Sexualität usw. Die Kritik erhält so Verbündete, die vormals als ihre Adressaten gedacht waren. Die „Geschichte hat der neuen Linken ihren Wunsch in perverser Form erfüllt", pointiert Richard Sennett die Absorption von Forderungen nach Selbstverwirklichung und Kreativität am Arbeitsplatz in modernen Managementkonzepten (vgl. Sennett 2005, S. 7).

Aber nicht nur wegen des „Seitenwechsels" bleibt die Künstlerkritik blockiert: auf technischer Seite bedeutet der Rückgang von Fließband und Formular als vorherrschenden Arbeitsmitteln auch den Rückzug klassischer Metaphern der Kritik, die mit der technischen Verfasstheit des tayloristischen Produktionsmodells das Unmenschliche der Arbeitswelt unmittelbar sichtbar machten. So erscheint der Tramp, der in den *modernen Zeiten* am Fließband zerbricht, nicht mehr als überzeichneter Jedermann, sondern als Vertreter einer vergangenen Epoche. Zudem sind die Träger der Kritik der Arbeitswelt aus ihrem ursprünglichen institutionellen Gefüge herausgefallen: Die Gewerkschaften kämpfen mit einem abnehmenden Organisationsgrad und einer neuen Vielgestaltigkeit der konkreten Arbeitssituationen (vgl. Boltanski und Chiapello 2003, S. 261 ff.; Haipeter 2011).

Rudi Dutschke forderte einst, dass die befreite Gesellschaft auch eine lernende Gesellschaft zu werden hat (vgl. Tuschling 2004, S. 152). Heute hat die Parole der „lernenden Gesellschaft" die Fronten gewechselt. Die gutgemeinten Forderungen nach selbstbestimmter Wissensaneignung und begleitender Erwachsenenbildung ist zum Imperativ mutiert, der im Begriff des Lebenslangen Lernens mündet.

> Mit dem Attribut >lebenslang< verbinden sich (…) durchaus ambivalente Assoziationen: Nicht von ungefähr erinnert es an die höchste Haftstrafe. In der Aufforderung, lebenslang zu lernen, steckt auch die Drohung, lebenslänglich lernen zu müssen. (Tuschling 2004, S. 153)

Das lebenslange Lernen wird für den Arbeitskraftunternehmer zur lebenslangen Aufgabe, die eigene Employability von Projekt zu Projekt fortzuentwickeln, um für jedes Projekt immer etwas einbringen zu können. Lebenslanges Lernen findet hierbei nicht in einer institutionalisierten (Lern −)Umwelt statt, sondern als eine notwendige strategische Reaktion des Einzelnen auf eine entstetigte Berufswelt. Dabei wird die „Ausbildung und Aufrechterhaltung der Qualifikationen, die die Menschen erst zu dieser Leistung befähigen, (…) allein auf den Arbeitnehmer abgewälzt" (Boltanski und Chiapello 2003, S. 428), der im besten Fall neue Formen findet, seine ihm auferlegten Aufgaben in Kooperation mit anderen besser zu bewältigen. Und völlig offen – weil unthematisiert – bleibt die Frage, ob es nicht auch ein Recht auf Nichtwissen gibt oder ein Recht, nicht lebenslang lernen zu müssen.

Lebenslanges Lernen steht auf dem Wunschzettel einer Arbeitswelt, die ihre Produktivkraft aus der stetigen Veränderung ihrer Prozesse speist. In einer informatisieren Arbeitswelt müssen die Übersetzungserfordernisse zwischen wertmäßiger Abbildung und realen Arbeitsprozessen mit dem Wissen der Beschäftigten bewältigt werden. Hinzu kommen flexible Arbeitsformen, die das Wissen der Beteiligten zur Entwicklung neuer Lösungen zusammenbringen sollen. Arbeitsorganisatorischer Ausdruck ist das Projekt, das für Boltanski und Chiapello wie jede Konstellation des Kapitalismus einer ideologischen Ergänzung bedarf (vgl. Boltanski und Chiapello 2003, S. 517 ff.), auf deren Grundlage Beschäftigte für einen dauerhaften hohen Einsatz in dieser entgrenzten Berufswelt gewonnen werden können. Diese Ergänzung stellt keine leere Ideologie dar, sondern muss, um ihre motivationale Wirkung zu entfalten, Regelungen für typische Aushandlungsfragen der projektbasierten, flexiblen (Arbeits –)Organisation entwickeln und tatsächlich berücksichtigen. Wenn Anspruch und Wirklichkeit von Autonomie, Selbstverwirklichung, Kreativität, Kommunikation, Offenheit, kontinuierlichem Lernen in der Wahrnehmung der Betroffenen zu weit auseinanderdriften, schwindet die Einbindung des arbeitenden Subjekts. Dies kann wiederum in einem Verhalten des Einzelnen münden, bewusst nicht mehr seine uneingeschränkte Subjektivität für den Arbeitsprozess aufzuwenden. Dies wiegt umso schwerer für wissensintensive Prozesse, die mangelnde motivationale Einbindung der Beschäftigten nicht allein mit technischem Zwang kompensieren kann.

Für die Frage nach der Kritik in Zeiten des modernen Kapitalismus ist es keinesfalls zutreffend, die Künstlerkritik als obsolet verabschieden zu wollen. Auch Boltanski und Chiapello bescheinigen der Zunahme von Autonomiepotentialen ein gleichzeitiges Anwachsen von stärkerer Fremdbestimmung, neuen Formen der Kontrolle durch IuK-Technologien und strengeren Selbst- und Mitarbeiterkontrollen (vgl. Boltanski und Chiapello 2003, S. 463 f.). Im vorangegangenen Abschnitt dieses Beitrages wurde gezeigt, welche ambivalenten Auswirkungen und neuen Gefährdungen die Umgestaltung der Arbeitswelt für die Subjekte nach sich zieht.

Nicht nur, dass die (scheinbare) Integration der Forderungen von Künstlerkritik in Betriebsabläufe nicht zu den Resultaten führt, die die Protagonisten der Künstlerkritik in den 1960er und 70er Jahren herbeiführen wollten; unbeantwortet bleibt zudem bei der Flexibilisierung von Arbeit, der Kultur des stetigen Lernens und der Anforderung des stetigen Qualifizierens und Entwickelns, welcher tiefere Sinn die Betroffenen mit diesen Prozessen verbinden können. Mit einer gesellschaftlichen Entwicklung, in der Wohlstandsentwicklung, Glückserwartungen und Sicherheitsbedürfnisse als zunehmend kontingent empfunden werden und Unsicherheit als Schlüsselerfahrung wahrgenommen wird (vgl. Erpenbeck und Heyse 1999, S. 92; Welsch 1999; Vester 2001), ist es unklar, welchen Zielen die Anstrengungen dienen sollen. Das bloße Streben zu funktionieren, „employability" zu sichern und auf dem Arbeitsmarkt attraktiv zu sein, ist vielleicht nicht das letzte Wort der modernen Sinnsuche, denn zu groß sind die drohenden „Kollateralschäden", die sich mit diesem Streben verbinden.

Neue gesellschaftliche Brisanz erlangt diese Konfliktlinie durch den demographischen Wandel. Konnten die Unternehmen in den vergangenen Jahrzehnten stets auf ein Überangebot an Arbeitskraft zurückgreifen, wird das Erwerbspersonenpotential bis 2025 deutlich schneller abnehmen als die Anzahl der Erwerbstätigen (vgl. Fuchs und Zicka 2010). Es bleibt abzuwarten, wie sich die betrieblichen Aushandlungsprozesse entwickeln, wenn die Drohung der Arbeitslosigkeit – wenigstens für die sehr gut oder besser in den Arbeitsmarkt Integrierten – an Schrecken verliert. Auch wenn diese Entwicklung von konjunkturellen Einflüssen und den Wanderungsbewegungen von Arbeitnehmern aus Südeuropa beeinflusst wird, „dürfte es schwierig werden, die krisenbedingt hohen Zuwanderungszahlen über längere Zeit zu halten, und selbst dann würde der demografische Trend die positiven Effekte auf das Erwerbspersonenpotenzial in absehbarer Zeit zumindest aufwiegen" (Fuchs et al. 2013).

Würden so Kräfteverhältnisse neu austariert, könnten ebenfalls aktualisierte Perspektiven der Sozialkritik auf eine neue Rahmung der Arbeitskraft zielen, bzw. auf die Frage, wie eine Reinstitutionalisierung der Repräsentation von Arbeit erreicht werden kann. Diese ist aus mehreren Perspektiven unter Druck geraten: so wurden die arbeitsrechtlichen Bestimmungen immer weiter gelockert, um den Unternehmen einen flexiblen Einsatz von Arbeitskräften zu ermöglichen. Aber auch die Unzugänglichkeit von Wissensarbeit für klassische Leistungsbemessung erodiert bisher gültige Repräsentationsformen der Arbeit: in einem kooperativ ausgerichteten Arbeitsprozess ist nicht ohne weiteres erkennbar, wer welchen Beitrag geleistet hat. Schon allein die Identifikation der Beteiligten wird in dynamischen Netzwerken zum Problem (vgl. Boltanski und Chiapello 2003, S. 425 ff.). Für André Gorz entsteht hier, wie oben bereits erwähnt, ein unüberwindbarer Widerspruch zwischen der Gebrauchs- und Tauschwertseite der Arbeit. Da der qualitative Charakter der Wissensarbeit „eine große Vielfalt von *verschiedenartigen* Fähigkeiten, also von Fähigkeiten *ohne gemeinsamen Maßstab*" (Gorz 2004, S. 31) umfasst, ist die Herstellung von Äquivalenzen, die die Grundlage des Warentauschs und mithin des Kapitalismus bilden, nur durch eine fiktiv-konstruierte Bewertung des Wissens möglich. Gegenwärtig wird dieser Prozess mit dem Wegbrechen der Zeit als klassische Maßeinheit der abhängigen Beschäftigung am ehesten sichtbar. So zielen die gegenwärtigen Veränderungen auf eine Repräsentation der Arbeit in Projektergebnissen oder dem (schein −)selbstständigen Verkauf von Arbeitsprodukten. Ob diese Abbildungsformen der Arbeitskraftseite nicht doch dauerhaft als Grundlage des Äquivalenztauschs ausreichen werden, wird die weitere Entwicklung am Arbeitsmarkt zeigen. Gerade hier wäre vorstellbar, dass einzelne Beschäftigtengruppen sich neue Garantien in flexiblen Arbeitskontexten erkämpfen. Ob hier Entlohnung oder Entlastung der Vorzug gegeben wird, wird auch über die Biographien der Wissensarbeiter mitentscheiden.

Ausblick 7

Wissen – so lautet die in den vorangegangenen Abschnitten formulierte Diagnose – spielt in modernen Produktions- und Dienstleistungsprozessen, und zwar gerade bei fortgeschrittener Informatisierung, eine zunehmend wichtige Rolle, da nur durch seine umfassende und erfolgreiche Mobilisierung Menschen zwischen materialen Prozessen und Wertprozessen einerseits, zwischen Prozessen der uns unmittelbar umgebenden Wirklichkeit und ihrem informatorischen modellhaften Abbild andererseits vermitteln können. Sowohl die wachsende Prägekraft der Finanzmärkte als auch die Durchsetzung flexibler Organisations- und Arbeitsformen bedürfen dieser wissensbasierten Übersetzung, um überhaupt sinnvoll mit ihnen umgehen zu können und sie damit produktiv funktionsfähig zu machen. Es wurde ferner deutlich, dass die viel diskutierte Subjektivierung von Arbeit und Organisation eng mit diesen erhöhten Wissensanforderungen zusammenhängt und neue psychische Belastungen für die Beschäftigten bedeuten kann. Die Kritik an diesen Verhältnissen kann deswegen nicht aufhören, Sozialkritik zu sein, und hat gerade die spezifisch negative Form der Subjektivierung und der Mobilisierung von Wissen zum Gegenstand.

Wohin weisen also diese Entwicklungstendenzen im Hinblick auf die Stellung des Individuums in der informatisierten und wissensgeprägten Arbeitsgesellschaft? Die Antworten können nur tastend sein und fallen zwangsläufig ambivalent aus.

Eine erste Antwort ist noch einfach zu formulieren: Zu der Frage nach den Entwicklungstendenzen werden weitere Forschungen benötigt. Durch die Untersuchung verschiedener Formen von Wissensarbeit und dem damit zusammenhängenden Umgang mit modernen Informationstechniken sind weitere interessante Erkenntnisse zu erwarten. Wie in der Arbeitspraxis diese Techniken genau genutzt

© Springer Fachmedien Wiesbaden 2014
C. Schilcher, J. Diekmann, *Moderne Arbeitswelten,* essentials,
DOI 10.1007/978-3-658-06790-8_7

werden, wieweit tatsächlich das Wissensmanagement reicht und produktiv eingesetzt wird oder wie die impliziten und erfahrungsbasierten Dimensionen des Wissens weitergegeben werden, könnten Ausgangspunkte für Forschungsfragen der Organisations-, Arbeits- und Technikforschung sein. Will man Genaueres über die Rolle des Individuums unter modernen Arbeits- und Organisationsbedingungen erfahren, so wird man diese alltäglichen Zusammenhänge von Arbeit, Organisation und Technik in ihrer Breite und Vielfalt weiterhin sorgfältig untersuchen müssen. Dazu gehören auch ein theoretisch fundiertes Verständnis der gegenwärtigen Informatisierungstendenzen und die sorgfältige empirische Erforschung dieser inklusive aller Taktiken zum Vermitteln und Unterlaufen der informatorischen Modellwelt; beides wird ohne das tiefergehende Einlassen auf die Analyse von Technologien nicht möglich sein (vgl. Schmiede 2006). Neben der Rolle von Wissen muss also die innere Funktionsweise der Informationssysteme selbst zum Thema werden. Erst mit dem Verständnis beispielsweise, wie Sprachanalyse für Überwachung eingesetzt werden kann (Schulz 2013) oder mit welche Taktiken bestimmte Kennzahlen im betrieblichen Kontext unterlaufen werden, wird das Verdikt „Informatisierung" im eigentlichen Sinn analysierbar.

Eine zweite Antwort setzt an der Francis Bacon zugeschriebenen Parole an, dass Wissen Macht sei. Wenn dem so ist, würde der diagnostizierte zunehmende Wissensbedarf auch ein wachsendes Machtpotential auf der Seite der Wissensträger, also wichtiger Beschäftigtengruppen, indizieren. Die Analyse der realen Machtverhältnisse, die etwa von Boltanski und Chiapello vorgelegt worden ist, legt jedoch das Gegenteil nahe: Sowohl die betriebliche Stellung der Lohnabhängigen als auch ihre überbetriebliche Vertretung durch die Gewerkschaften haben in den letzten Jahrzehnten spürbare Einbußen erlitten. Als Erklärung dafür liegt die Einschätzung nahe, dass nur bestimmte Gruppen von Beschäftigten – und zwar diejenigen, die die kollektive Interessenvertretung am wenigsten nötig haben – wirklich von einem solchen wissensbasierten Machtzuwachs profitieren. Auf diesen Punkt des Verhältnisses von Wissens- und Machtstrukturen könnten sich weiterführende Forschungen konzentrieren. Dabei könnte die von Michel De Certeau vorgeschlagene Unterscheidung zwischen Strategie und Taktik weiterhelfen (vgl. De Certeau 1989, S. 23): Das Ausbleiben von „Strategien" als sichtbare Gegenmacht, etwa in Form fehlender gewerkschaftlicher Interessenvertretung, muss nicht bedeuten, dass die Wissensarbeiter nicht „taktisch" dem herrschaftlichen Zugriff auf ihr Wissen ausweichen könnten, indem sie, ohne sich den Strukturen offen zu widersetzen, immer neue Löcher in den Informationsnetzen nutzen, um Anforderungen auszuweichen. Hier können aber auch neue Polarisierungstendenzen entstehen, nämlich zwischen denjenigen, die durch Firmenwechsel mit Karrierebausteinen taktieren, und jenen, die auf Grund von Qualifikation oder familiärer Situation nicht ausweichen können.

Eine dritte Antwort kann daran anschließen: Offenbar werden für eine wachsende Gruppe von Beschäftigten – und insbesondere diejenigen, für die ihr Wissen eine erhebliche Rolle in ihrer Arbeitspraxis spielt – die Herausbildung, Bewahrung und Fortentwicklung ihres Wissens zu einer zentralen Bedingung ihrer Beschäftigungsfähigkeit. Die Pflege und Weiterentwicklung ihres Arbeitsvermögens (vgl. Pfeiffer 2004) rückt in das Zentrum der sozialen Auseinandersetzungen um die Arbeitskraft. Wie Chris Benner (2002) am Beispiel der IT-Beschäftigten des Silicon Valley zeigen konnte, werden die fachliche Qualifikation, aber auch die Erfahrungen im Umgang mit bestimmten Techniken und mit betrieblichen Organisationsbedingungen zum Fokus der Interessen der Beschäftigten; traditionell dominierende Interessen wie das an angemessener Entlohnung oder das an begrenzten Arbeitszeiten treten eher in den Hintergrund bzw. gruppieren sich um dieses Interessenzentrum. Zumindest in Deutschland hat sich bislang noch kein etablierter Ansatz zur Organisation und Vertretung dieser neuen Interessenstrukturen durchgesetzt, von dem ausgehend eine strategische Gegenwehr erfolgen könnte.

Die erwähnte Diagnose der Spaltung zwischen den oben in der Betriebshierarchie angesiedelten Begünstigten der Wissensdurchdringung von Arbeit und denen im unteren Teil der Hierarchie bzw. an den Rändern der Unternehmen muss durch weitere Studien verlässlich abgesichert werden. Eine fundierte Bilanz der Gewinner bzw. der Verlierer der gegenwärtigen Entwicklung – so eine vierte Antwort – steht noch am Anfang; erst recht gilt dies natürlich für weiter in die Zukunft reichende Prognosen. Das Nebeneinander von organisatorischer Dezentralisierung einerseits, finanzieller und unternehmenspolitischer Zentralisierung andererseits springt ins Auge. Allerdings lässt diese organisationsstrukturelle Aussage keinen direkten Rückschluss auf die von der einen oder der anderen Seite begünstigten Gruppe von Beschäftigten zu. Denn ihre Stellung ist nicht nur von den innerorganisatorischen Veränderungen abhängig, sondern ebenso beeinflusst von Veränderungen am Arbeitsmarkt, im Bildungssystem etc., und das im nationalen wie im internationalen Maßstab. Die Bilanz in einzelnen Branchen und für die einzelnen Beschäftigtengruppen würde daher immer auch die internationalen Bewegungen von Arbeit und Kapital im Blick haben müssen. Richard Sennett (1998) hat schließlich sehr deutlich gemacht, dass Begünstigung und Benachteiligung sich in der Arbeitsbiographie abwechseln können, ja, dass mit der Beschleunigung der tiefgreifenden Veränderungen dafür sogar eine wachsende Wahrscheinlichkeit besteht und dass diese biographische Dimension erhebliche Auswirkungen auf die Identität hat. Auch dieser Dimension kann sich die Arbeitsforschung viel stärker, als dies bislang der Fall war, widmen.

Eine abschließende fünfte – und sicherlich die am stärksten abstrakte – Antwort könnte also lauten: Die gegenwärtigen Veränderungen der gesellschaftlichen Arbeit mit ihrer zunehmenden Wissensdurchdringung und den erhöhten Anforderungen an Subjektivität bei gleichzeitigen nachhaltigen Formalisierungs- und Standardisierungstendenzen eröffnen neue Chancen für die Förderung von Emanzipationsprozessen, die die Rolle der individuellen Person und ihre Macht zu stärken vermögen. Die nicht von der Person zu trennende Gebrauchswertseite der Arbeitskraft, das individuelle Arbeitsvermögen, gewinnt mit der wachsenden Rolle des Wissens an Bedeutung. Sie gebührend ernst zu nehmen, ist die Bedingung der Möglichkeit von Emanzipation. Allerdings wäre es töricht und fahrlässig, ihre Gefährdung durch die unvermindert fortschreitenden Formalisierungstendenzen zu vergessen. Sie subsumieren das Individuum unter von ihm überhaupt nicht kontrollierbare abstrakte Zwänge. Sie erlauben und sollizitieren darüber hinaus umfassende Transparenz- und Kontrollprozesse, die nicht unerheblich zu realer Ohnmacht gegenüber scheinbar übermächtigen wirtschaftlichen und gesellschaftlichen Tendenzen beitragen. Informatisierung und die darauf aufbauende Bedeutung von Wissen beschreibt dabei nicht mehr nur Veränderungen von Arbeit, sondern charakterisiert mit der fortschreitenden Durchdringung verschiedenster Lebensbereiche mit Informationssystemen auch gesellschaftliche Veränderungen, die uns als Kunden und Konsumenten, als Wähler oder als Leser von Nachrichten betreffen. Wie sich der Widerstreit zwischen fortschreitender Informatisierung und wissensbasierter Aneignung fortführt, ist letztlich nicht vorhersehbar. Das Ergebnis ist aber auch nicht zwangsläufig, sondern ist Gegenstand von Bewusstwerdungs- oder aber Bewusstlosigkeitsprozessen, von gesellschaftlichen Interessen und von Auseinandersetzungen, Kämpfen und Gestaltungs(ohn)macht. Hier im aufklärenden Sinne einzugreifen, ist sicherlich nicht die geringste Aufgabe der Analyse von Informations- und Wissensverhältnissen in der modernen Arbeitswelt.

Was Sie aus diesem Essential mitnehmen können

- Sie verstehen, warum die Beschäftigung mit informationstechnischen Systemen und die Rede von Wissensarbeit aufeinander verweisen und warum Subjektivität in formalen Zusammenhängen nicht verlorengeht.
- Sie verstehen, warum durch Prozesse der Informatisierung sowohl Chancen als auch Risiken für die Wirtschaft und das Individuum resultieren.
- Sie erhalten Hinweise auf gesellschaftliche Entwicklungen und soziale Herausforderungen in der informatisierten Wissensgesellschaft.
- Sie kennen die Möglichkeiten und Grenzen von Informationssystemen und wissen um deren Bedeutung für Gestaltungsprozesse in Wirtschaft und Gesellschaft.

© Springer Fachmedien Wiesbaden 2014
C. Schilcher, J. Diekmann, *Moderne Arbeitswelten,* essentials,
DOI 10.1007/978-3-658-06790-8

Literatur

Altvater, Elmar. 2004. Inflationäre Deflation oder die Dominanz der globalen Finanzmärkte. *PROKLA 34* (134): 41–61.

Bainbridge, Lisanne. 1987. Ironies of automation. In *New technology and human error*, Hrsg. Keith Duncan, Jens Rasmussen, und Jacques Leplat, 271–283. Chichester: Wiley.

Bateson, Gregory. 1972. *Steps to an ecology of mind.* New York: Ballantine.

Bell, Daniel. 1985. *Die nachindustrielle Gesellschaft.* Frankfurt a. M.: Campus.

Benner, Chris. 2002. *Work in the new economy. Flexible labor markets in silicon valley.* Blackwell.

Bieber, Daniel. 1992. Systemische Rationalisierung und Produktionsnetzwerke. In *ArBYTE – Modernisierung der Industriesoziologie?*, Hrsg. Thomas Malsch, 271–293. Berlin: edition sigma.

BLK (Bund-Länder-Kommission für Bildungsplanung und Forschungsförderung). 2004. Strategie für Lebenslanges Lernen in der Bundesrepublik Deutschland. Materialien zur Bildungsplanung und zur Forschungsförderung, Heft 115. http://www.bmbf.de/pub/strategie_lebenslanges_lernen_blk_heft115.pdf. Zugegriffen: 30. Mai 2006.

Böhle, Fritz. 1992. Grenzen und Widersprüche der Verwissenschaftlichung von Produktionsprozessen. Zur industriesoziologischen Verortung von Erfahrungswissen. In *ArBYTE – Modernisierung der Industriesoziologie?*, Hrsg. Thomas Malsch und Ulrich Mill, 87-132. Berlin: edition sigma.

Böhle, Fritz, und Helmuth Rose. 1992. *Technik und Erfahrung. Arbeit in hochautomatisierten Systemen.* Frankfurt a. M.: Campus.

Böhle, Fritz, Annegret Bolte, Ingrid Drexler, und Sabine Weishaupt. 2001. Grenzen wissenschaftlich-technischer Rationalität und „anderes Wissen". In *Die Modernisierung der Moderne*, Hrsg. Ulrich Beck und Wolfgang Bonß, 96–105. Frankfurt a. M.: Suhrkamp.

Boltanski, Luc, und Eve Chiapello. 2001. Die Rolle der Kritik in der Dynamik des Kapitalismus und der normative Wandel. *Berliner Journal für Soziologie* 4:459–477.

Boltanski, Luc, und Eve Chiapello. 2003. *Der neue Geist des Kapitalismus.* Konstanz: UVK.

Castells, Manuel. 2001. *Das Informationszeitalter. Der Aufstieg der Netzwerkgesellschaft*, Bd. 1. Opladen: Leske + Budrich.

De Certeau, Michel. 1989. *Die Kunst des Handelns.* Berlin: Merve.

Deutschmann, Christoph. 1989. Reflexive Verwissenschaftlichung und kultureller „Imperialismus" des Managements. *Soziale Welt* 40 (3): 374–396.

Deutschmann, Christoph. 2002. *Postindustrielle Industriesoziologie. Theoretische Grundlagen, Arbeitsverhältnisse und soziale Identitäten.* Weinheim: Juventa.

© Springer Fachmedien Wiesbaden 2014

C. Schilcher, J. Diekmann, *Moderne Arbeitswelten,* essentials,

DOI 10.1007/978-3-658-06790-8

41

Deutschmann, Christoph. 2005. Finanzmarkt-Kapitalismus und Wachstumskrise. In *Finanzmarkt-Kapitalismus. Analysen zum Wandel von Produktionsregimen*, Hrsg. Paul Windolf, 58–84. Wiesbaden: VS Verlag für Sozialwissenschaften.

Dohmen, Günther. 1996. *Das lebenslange Lernen*. Bonn: BMBF.

Dröge, Kai. 2010. ‚Auf ein Modell hundert Prozent vertrauen? Na, dann wärs kein Modell, dann wärs ja die Wirklichkeit.' (Dr. Stephan Köring, Risk Manager). In *Strukturierte Verantwortungslosigkeit. Berichte aus der Bankenwelt*, Hrsg. Claudia Honegger, Sighard Neckel, und Chantal Magnin, 47–53. Berlin: Suhrkamp.

Ehrenberg, Alain. 2004. *Das erschöpfte Selbst. Depression und Gesellschaft in der Gegenwart*. Frankfurt a. M.: Campus.

Erpenbeck, John, und Volker Heyse. 1999. *Die Kompetenzbiographie. Strategien der Kompetenzentwicklung durch selbstorganisiertes Lernen und multimediale Kommunikation*. Münster: Waxmann.

Föllmer, Hans. 2009. Alles richtig und trotzdem falsch? Anmerkungen zur Finanzkrise und zur Finanzmathematik. *Mitteilungen Deutsche Mathematiker Vereinigung mdmv* 17:148–154.

Frey, Christian W. 2008. Process diagnosis and monitoring of field bus based automation systems using self-organizing maps and watershed transformations. 2008 IEEE international conference on multisensor fusion and integration for intelligent systems. S. 620–625.

Fuchs, Johann, und Gerd Zika. 2010. Arbeitsmarktbilanz bis 2025: Demografie gibt die Richtung vor. *IAB-Kurzbericht* 12.

Fuchs, Johann, Markus Hummel, Christian Hutter, Sabine Klinger, Susanne Wanger, Enzo Weber, Roland Weigand, und Gerd Zika. 2013. Arbeitslosigkeit sinkt trotz Beschäftigungsrekord nur wenig. *IAB Kurzbericht* 18/2013.

Gamm, Gerhard, und Stephan Körnig. 1991. Die Unbestimmtheit im Kalkül. Wittgensteins Sprachspiele und das Problem der Schachprogrammierung. In *Wissenschaft und Gesellschaft*, Hrsg. Gerhard Gamm und Gerd Kimmerle, 136–162. Tübingen: edition discord.

Gamm, Gerhard. 2000. *Nicht nichts*. Frankfurt a. M.: Suhrkamp.

Gerlmaier, Anja, und Erich Latniak. 2006. *Zwischen Innovation und alltäglichem Kleinkrieg. Zur Belastungssituation von IT-Beschäftigten*. Gelsenkirchen: Institut Arbeit und Technik. http://www.iatge.de/iat-report/2006/report2006-04.pdf. Zugegriffen: 30. Mai 2007.

Gorz, Andrè. 2004. *Wissen, Wert und Kapital. Zur Kritik der Wissensökonomie*. Zürich: Rotpunktverlag.

Gransche, Bruno. 2014. In Zukunft im Unfall – Ein philosophischer Beitrag zum Umgang mit neuen Akzidenzphänomenen. Dissertation Universität Heidelberg, im Erscheinen.

Hack, Lothar und Irmgard Hack. 1985. *Die Wirklichkeit, die Wissen schafft. Zum wechselseitigen Begründungsverhältnis von „Verwissenschaftlichung der Industrie" und „Industrialisierung der Wissenschaft"*. Frankfurt a. M.: Campus.

Haipeter, Thomas. 2011. Einleitung: Interessenvertretungen, Krise und Modernisierung – über alte und neue Leitbilder. In *Gewerkschaftliche Modernisierung*, Hrsg. Thomas Haipeter und Klaus Dörre, 7–30. Wiesbaden: VS Verlag für Sozialwissenschaften.

Heidenreich, Martin. 2002. Merkmale der Wissensgesellschaft. Überarbeitetes Manuskript eines Vortrags vor der Bund-Länder-Kommission für Bildungsplanung in Esslingen. http://www.uni-oldenburg.de/sozialstruktur/dokumente/blk.pdf. Zugegriffen: 15. Jan. 2014.

Heintz, Bettina. 1995. Die Gesellschaft in der Maschine. Überlegungen zum Verhältnis von Informatik und Soziologie. In *Realität und Utopien der Informatik*, Hrsg. Hans-Jörg Kreowski, Thomas Risse, Andreas Spillner, Ralf E. Streibl, und Karin Vosseberg, 12–31. Münster: agenda.

Hoffmann, Rainer-W. 1979. Die Verwissenschaftlichung der Produktion und das Wissen der Arbeiter. In *Entfremdete Wissenschaft*, Hrsg. Gernot Böhme und Michael von Engelhardt, 229–256. Frankfurt a. M.: Suhrkamp.

Hohlmann, Brita. 2007. *Organisation SAP. Soziale Auswirkungen technischer Systeme, Dissertation am Fachbereich Gesellschafts- und Geschichtswissenschaften der Technischen Universität Darmstadt*. Aachen: Shaker.

Honegger, Claudia, Sighard Neckel, und Chantal Magnin. 2010. *Strukturierte Verantwortungslosigkeit. Berichte aus der Bankenwelt*. Berlin: Suhrkamp.

Honneth, Axel. Hrsg. 2002. *Befreiung aus der Mündigkeit. Paradoxien des gegenwärtigen Kapitalismus*. Frankfurt a. M.: Campus.

Illouz, Eva. 2006. *Gefühle in Zeiten des Kapitalismus*. Frankfurt a. M.: Suhrkamp.

Jacob, Daniela, Katharina Bülow, Lola Kotova, Christopher Moseley, Juliane Petersen, und Diana Rechid. 2012. Regionale Klimaprojektionen für Europa und Deutschland – Ensemble-Simulationen für die Klimafolgenforschung. Climate service center report Nr. 6.

Kade, Jochen, und Wolfgang Seitter. 1998. Bildung – Risiko – Genuß. Dimensionen und Ambivalenzen lebenslangen Lernens in der Moderne. In *Lebenslanges Lernen – lebensbegleitende Bildung*, Hrsg. Rainer Brödel, 51–59. Neuwied: Luchterhand.

Kadritzke, Ulf. 2006. Kein Platz mehr im letzten Flieger. *Le Monde diplomatique* 8152:12–13.

Kamper, Dietmar. 1997. Phantasie. In *Vom Menschen. Handbuch historische Anthropologie*, Hrsg. Christoph Wulf, 1007–1014. Weinheim: Beltz.

Kleemann, Frank, Ingo Matuschek, und G. Günther Voß. 2002. Subjektivierung von Arbeit. Ein Überblick zum Stand der soziologischen Literatur. In *Subjektivierung von Arbeit. München*, Hrsg. Ingo Matuschek und G. Günther Voß, 53–100. Mering: Hampp.

Kohonen, Teuvo. 2001. *Self-organizing maps*. New York: Springer.

Kuhlen, Rainer. 2002. Napsterisierung und Venterisierung. Bausteine zu einer politischen Ökonomie des Wissens. *PROKLA 32* (126): 57–88.

Lorenz, Daniel F. 2010. The diversity of resilience: Contributions from a social science perspective. *Natural Hazards May 2013* 67 (1): 7–24.

Malsch, Thomas. 1987. Die Informatisierung des betrieblichen Erfahrungswissens und der „Imperialismus der instrumentellen Vernunft". *Zeitschrift für Soziologie* 16 (2): 77–91.

Minsky, Hyman. 2007. *John Maynard Keynes. Finanzierungsprozesse, Investitionen und Instabilität des Kapitalismus*. Marburg: Metropolis-Verlag.

Mittelstraß, Jürgen. 1992. *Leonardo-Welt*. Frankfurt a. M.: Suhrkamp.

Mittelstraß, Jürgen. 2001. *Wissen und Grenzen. Philosophische Studien*. Frankfurt a. M: Suhrkamp.

Moldaschl, Manfred und Dieter Sauer. 2000. Internalisierung des Marktes. Zur neuen Dialektik von Kooperation und Herrschaft. In *Begrenzte Entgrenzungen. Wandlungen von Organisation und Arbeit*, Hrsg. Heiner Minssen, 205–224. Berlin: edition sigma.

Moldaschl, Manfred, und G. Günther Voß, Hrsg. 2002. *Subjektivierung von Arbeit. Arbeit, Innovation und Nachhaltigkeit*. Bd. 2. München: Hampp.

Müller, Silke. 2010. ‚Das hat einfach keiner so zu Ende gedacht, dass wenn ganz viele daran verdienen, das Geld auch irgendwo herkommen muss.' (Laura Neumann, Risikomanagerin). In *Strukturierte Verantwortungslosigkeit: Berichte aus der Bankenwelt*, Hrsg. Claudia Honegger, Sighard Neckel, und Chantal Magnin, 54–59. Berlin: Suhrkamp.

Nuissl, Ekkehard. 2003. Lebenslanges Lernen als kultureller Anspruch. In *Die Weiterbildung in der Bildungsgesellschaft unter dem ökonomischen Paradigma. Perspektiven für die Ausrichtung der berufsbezogenen wissenschaftlichen Weiterbildung*, Hrsg. Klaus D. Pietsch, Erich, Schäfer, und Bernd Zinkahn, 149–156. Jena: IKS Garamond.

Pariser, Eli. 2012. *Filter Bubble: Wie wir im Internet entmündigt werden*. München: Carl Hanser Verlag GmbH.

Pfeiffer, Sabine. 2004. *Arbeitsvermögen. Ein Schlüssel zur Analyse (reflexiver) Informatisierung*. Wiesbaden: VS Verlag für Sozialwissenschaften.

Pfeiffer, Sabine. 2007a. *Montage und Erfahrung. Erfahrungsbasierte Wissensarbeit in der Montage. Bedeutung, Ausprägung und arbeitspolitische Konsequenzen*. München: Hampp.

Pfeiffer, Sabine. 2007b. Accounting, Alltäglichkeit und Arbeit. Plädoyer für eine dialektische Analyse kalkulativer Praktiken. In *Kognitiver Kapitalismus. Zur Dialektik der Wissensökonomie*, Hrsg. Hanno Pahl und Lars Meyer. Frankfurt a. M.: Campus.

Piore, Michael J., und Charles F. Sabel. 1985. *Das Ende der Massenproduktion. Studie über die Requalifizierung der Arbeit und die Rückkehr der Ökonomie in die Gesellschaft*. Berlin: Wagenbach.

Polanyi, Michael. 1969. *Knowing and being. essays by michael polanyi, edited by Majorie Grene*. Chicago: University of Chicago Press.

Rammert, Werner. 2001. Nicht-Explizites Wissen in Soziologie und Sozionik – ein kursorischer Überblick. *FAW: Management von nicht-explizitem Wissen* 3:113–136.

Reinhart, Carmen, und Kenneth Rogoff. 2010. *Dieses Mal ist alles anders. Acht Jahrhunderte Finanzkrisen*. München: FinanzBuch.

Schilcher, Christian. 2006. Implizite Dimensionen des Wissens und ihre Bedeutung für betriebliches Wissensmanagement. Dissertation am Fachbereich Gesellschafts- und Geschichtswissenschaften der Technischen Universität Darmstadt.

Schilcher, Christian. 2009. Management von Erfahrungswissen. In *Wissens- und Informationsmanagement. Strategien. Organisation und Prozesse*, Hrsg. Keuper Frank und Fritz Neumann, 339–370. Wiesbaden: Gabler.

Schilcher, Christian, und Mascha Will-Zocholl. Hrsg. 2012. *Arbeitswelten in Bewegung. Arbeit, Technik und Organisation in der „nachindustriellen Gesellschaft"*. Wiesbaden: Springer VS.

Schmiede, Rudi. 1996. Informatisierung, Formalisierung und kapitalistische Produktionsweise. In *Virtuelle Arbeitswelten. Arbeit, Produktion und Subjekt in der „Informationsgesellschaft"*, Hrsg. Rudi Schmiede, 15–47. Berlin: edition sigma.

Schmiede, Rudi. 2003. Informationstechnik im gegenwärtigen Kapitalismus. In *Kritische Theorie der Technik und der Natur*, Hrsg. Gernot Böhme und Alexandra Manzei, 173–183. München: Fink.

Schmiede, Rudi. 2005a. Netzwerke, Informationstechnologie und Macht. In *Unbestimmtheitssignaturen der Technik. Eine neue Deutung der technisierten Welt*, Hrsg. Gerhard Gamm und Andreas Hetzel, 311–335. Bielefeld: transcript.

Schmiede, Rudi. 2005b. Scientific work and the usage of digital scientific information. Some notes on structures, discrepancies, tendencies and strategies. In *From integrated publication and information systems to virtual information and knowledge environments. Lecture Notes in Computer Science Volume 3379*, Hrsg. Matthias Hemmje, Erich J. Neuhold, und Claudia Niederée, 107–116. Berlin: Springer (essays dedicated to Erich J. Neuhold).

Schmiede, Rudi. 2006. Wissen und Arbeit im „Informational Capitalism". In *Informatisierung der Arbeit. Perspektiven zur Gestaltung eines gesellschaftlichen Umbruchprozesses,* Hrsg. Andrea Baukrowitz, Thomas Berker, Andreas Boes, Sabine Pfeiffer, Rudi Schmiede, und Mascha Will, 455–488. Berlin: edition sigma.

Schmitt, Stefan. 2011. Automatisch vorsortiert. *Die Zeit,* 22. Juni, 26. http://www.zeit.de/2011/26/Internet-Surfverhalten-Filter/komplettansicht. Zugegriffen: 5. Jan. 2014.

Schulz, Stefan. 2013. Der radikalste Blogger im ganzen Land. *Frankfurter Allgemeine Zeitung.* http://www.faz.net/aktuell/feuilleton/debatten/chaos-communication-congress-der-radikalste-blogger-im-ganzen-land-12728769.html. Zugegriffen: 5. Jan. 2013.

Schumann, Michael. 1998. Frisst die Shareholder-Value-Ökonomie die Modernisierung der Arbeit? In *Arbeit, Gesellschaft, Kritik. Orientierung wider den Zeitgeist,* Hrsg. Hartmut Hirsch-Kreinsen und Harald Wolf, 19–30. Berlin: edition sigma.

Sennett, Richard. 1998. *Der flexible Mensch. Die Kultur des neuen Kapitalismus.* Berlin: Siedler.

Sennett, Richard. 1998. *The corrosion of character: The personal consequences of work in the new capitalism.* New York: Norton.

Sennett, Richard. 2005. *Die Kultur des neuen Kapitalismus.* Berlin: Berlin.

Stephan, Gesine. 2006. Fair geht vor. Was die Leute von Entlassungen und Lohnkürzungen halten. *IAB-Kurzbericht* 1:6.

Sydow, Jörg, und Arnold Windeler. Hrsg. 2004. *Organisation der Content-Produktion.* Wiesbaden: VS Verlag für Sozialwissenschaften.

Taleb, Nassim N. 2010. *Der Schwarze Schwan. Die Macht höchst unwahrscheinlicher Ereignisse.* München: Hanser.

Tuschling, Anna. 2004. Lebenslanges Lernen. In *Glossar der Gegenwart,* Hrsg. Ulrich Bröckling, Susanne Krasmann, und Thomas Lemke, 152–158. Frankfurt a. M.: Suhrkamp.

Vester, Michael. 2001. Milieus und soziale Gerechtigkeit. In *Deutschland-Trendbuch,* Hrsg. Karl-Rudolf Korte und Werner Weidenfeld, 219–274. Opladen: Leske+Budrich.

Welsch, Johann. 1997. Arbeiten in der Informationsgesellschaft. Studie für den Arbeitskreis „Arbeit-Betrieb-Politik" der Friedrich-Ebert-Stiftung. Bonn.

Welsch Wolfgang. 1999. Die Kunst, mit Unsicherheit zu leben. In *Die Zukunft des Menschen. Selbstbestimmung oder Selbstzerstörung?,* Hrsg. Richard van Dülmen, 143–171. Saarbrücken: Stiftung Soziologie.

Wenzel, Helmut. 2002. Gesellschaftstheoretische Aspekte von Information und Wissen. In *Perspektiven interdisziplinärer Technikforschung. Konzepte, Analysen, Erfahrungen,* Hrsg. Krebs Heike, Ulrich Gehrlein, Judith Pfeiffer, und Jan C. Schmidt, 193–208. Münster: agenda.

Weyer, Johannes. 1997. Die Risiken der Automationsarbeit. Mensch-Maschine-Interaktion und Störfallmanagement in hochautomatisierten Verkehrsflugzeugen. *Zeitschrift für Soziologie* 26 (4): 239–257.

Willke, Helmut. 2001. *Systemisches Wissensmanagement.* Stuttgart: Lucius & Lucius.

Willke, Helmut. 2002. *Dystopia. Studien zur Krisis des Wissens in der modernen Gesellschaft.* Frankfurt a. M.: Suhrkamp.

Windeler, Arnold. 2001. *Unternehmungsnetzwerke. Konstitution und Strukturation.* Wiesbaden: VS Verlag für Sozialwissenschaften.

Windolf, Paul. 2005. Was ist Finanzmarkt-Kapitalismus? In *Finanzmarkt-Kapitalismus. Analysen zum Wandel von Produktionsregimen,* Hrsg. Paul Windolf, 20–57. Wiesbaden: VS Verlag für Sozialwissenschaften.

Lesen Sie hier weiter

Christian Schilcher,
Mascha Will-Zocholl (Hrsg.)

Arbeitswelten in Bewegung
Arbeit, Technik und Organisation in
der „nachindustriellen Gesellschaft"

2012, 240 S., 16 Abb.
Softcover: € 42,99
ISBN 978-3-531-19209-3

Änderungen vorbehalten.
Erhältlich im Buchhandel oder beim Verlag.

Einfach portofrei bestellen:
leserservice@springer.com
tel +49 (0)6221 345 - 4301
springer.com